GLYX-Backen
herzhaft und süß

> Autorinnen: Marion Grillparzer | Martina Kittler | Christa Schmedes
> Fotos: Michael Brauner

Inhalt

Die Theorie

- 4 Nichts ist sinnlicher als Backen
- ➤ 7 **Know-how der GLYX-Backstube**
- 9 Lauter tüchtige Helfer
- 10 Das gehört in die GLYX-Backstube
- ➤ 12 **Sauerteig-Ansatz**
- ➤ 13 **Tipps und Tricks**

Die Rezepte

- 14 Ofenfrisch – Brot & Brötchen
  Lauter knusprige Gaumenfreuden – von Quarkbrötchen bis Schrotbrot
- 26 Herzhaft – Pizza & Co.
  Zu der italienischen Freude vom Blech gesellen sich herzhafte Fladen, Kuchen, Quiches und Tartes
- 36 Fruchtig – Kuchen & Torten
  Himmlische Gaumenfreuden, die der Schwerkraft trotzen: von Beeren-Tarte bis Joghurt-Torte
- 48 Gebäck – klein & fein
  Snacks aus der GLYX-Backstube für den kleinen Hunger: von Amaretti über Muffins bis zu Käsetalern

Extra

- 60 Register
- 62 Impressum
- ▶ 64 **Die 10 GU-Erfolgstipps mit der Geling-Garantie für das GLYX-Backen**

▶ **Ein GLYX-Forum für Erfahrungsaustausch finden Sie unter:** www.die-glyx-diaet.de

GLYX-Backstube

Haben Sie sonntags Lust auf blitzschnelle Quarkbrötchen – frisch aus dem Ofen – oder ein knuspriges Roggen-Sauerteigbrot? Macht es Ihnen Spaß, Freunde zu Flammenkuchen oder zur Pizza-Party einzuladen – oder Mama zu verblüffen mit Zucchinikuchen oder Joghurt-Torte? Knabbern Sie gerne Erdnuss-Cookies oder Käsetaler? Dann backen Sie selbst. Warum? Weil's frisch ist. Weil man weiß, was drin steckt. Weil es Glyx-niedrig schlank hält und gesund ist. Weil es schmeckt. Weil es Spaß macht und ein Liebesdienst ist an den Menschen, die es einem wert sind. Und unsere Rezepte passen bestimmt auch in Ihr Zeitbudget.

Nichts ist sinnlicher als Backen

Der erste Versuch

Auf das erste selbst gebackene Roggen-Sauerteigbrot war ich unglaublich stolz. So wie auf meine erste Sachertorte und die beste Beeren-Tarte der Welt. Die Kruste meines ersten Brotbackversuches sah auf der einen Seite aus wie Russisch-Brot-Buchstaben und auf der anderen wie die Kraterlandschaft von Lanzarote. Das Innere ähnelte Marzipan. Mein Mann saß skeptisch vor dem braunen Brocken und kämpfte mit dem Brotmesser. Es roch fantastisch, und geschmeckt hat es mir auch. Mir. Nur mir. Darum hatte ich dann märchenwolfsmäßige sieben Wackersteine im Bauch. Und

1 Fitness kombiniert mit Freude pur – selber Teig kneten.

beim Joggen am nächsten Morgen murmelte ich mit Schweiß auf der Stirn vor mich hin: Du schaffst es heim, du schaffst es heim … Dieses erste Roggenbrot backte ich in einem Backautomaten. Einem billigen. Das zweite und dritte Roggenbrot auch, dann habe ich den Automaten verschenkt. Und erst mal nur noch selbst Hand angelegt.

Lust am TUN

Selbstgebackenes kostet zwar mehr Zeit als ein Baguette oder ein süßes Teilchen aus der Tüte zu nehmen, aber diese Zeit ist eine Investition in Gesundheit, Genuss und Lebensfreude. Es ist wunderbar, Käsegebäck für den Weinabend mit Freunden selbst zu machen, oder die schnellste Blaubeer-Tarte der Welt zu zaubern und dafür auch noch Komplimente einzuheimsen. Aber am wunderbarsten ist es, Brot zu backen. GLYX-Brot. Eines, von dem ich weiß, dass es köstlich schmeckt, kaum Insulin lockt, weil es nämlich alle

Anteile vom Korn drin hat, und keine technischen Backzutaten enthält, die im Industrie-Brot immer stecken. Mir macht es Spaß den Teig zu kneten (pure Fitnesskur für die Oberarme), meine Nase in das Werden meines Brotes zu stecken, einen herrlich geformten Laib aus dem Ofen zu holen. Brotbacken macht Spaß – allerdings nicht, wenn man keine Zeit hat. Darum habe ich mir doch noch einen Backautomaten zugelegt. Dann und wann bäckt der für mich. Nachts. Mit Zeitschaltautomatik. Und morgens ist das Brot warm. Genauso, wie ich es mag.

Im Trend: Backautomaten

Mit Einführung des Euro kam's zu einem Run auf Backautomaten. Lag daran, sagte mir ein Backautomatenhersteller, dass die Bäcker ihr Brot statt für 1 Mark für 1 Euro verkauften. Die meisten Automaten, so der Hersteller, seien zweimal benutzt worden. Und landeten dann im Keller. Jetzt sei wieder ein

Theorie
NICHTS IST SINNLICHER ALS BACKEN

Trend zu verbuchen, weil das Gesundheitsbewusstsein zunimmt.

Für den unabhängigen Heim-Bäcker stehen in jedem Haushaltswarengeschäft Brotbackautomaten bereit. Da gibt man die Zutaten in die Maschine, stellt den Timer ein und wird am nächsten Morgen vom köstlichen Duft frischen Brotes in den Tag gelockt. Eine tolle Sache für Leute mit wenig Zeit.

Wenn schon, dann frisch

Natürlich hab ich eine Getreidemühle – eine GLYX-Mühle mit Steinmahlwerk. Während ich die paar Zutaten fürs Brot abmesse, mahlt sie mir schnell den Roggen. Ganz frisch. Mit allen Vitaminen drin, die durchs Rumliegen in einer Packung nur verloren gehen. Das kostet wirklich keine Zeit extra. Kommen doch bloß Mehl, Wasser, Hefe oder Natursauerteig-Ansatz und Brotgewürze rein. Mach ich mir lieber selber, dann weiß ich, was in meinem Brot drin ist. In jedem Fall keine Chemie.

Aus deutschen Landen frisch ...

Es war einmal ein schwäbischer Bäckermeister, der backte jeden Tag das Brot wie von seinem Vater gelernt. Mit Mehl, Wasser, Salz – und vielen chemischen Zusatzstoffen. Eines Tages öffnete ein riesiger Supermarkt die Tore im Dorf des Bäckermeisters. Dort kauften die Leute das noch billigere Brot aus dem Backshop-Regal, und der Bäckermeister wurde ganz arm. Da beschloss er, das Brot ohne Chemie zu backen. Dadurch sparte er Geld. Und die Kunden kamen wieder, weil das reine Brot viel besser schmeckte als das aus dem Supermarkt.

Das ist eine wahre Geschichte. Der Bäckermeister ist heute glücklich, ebenso seine Frau. Die kränkelte früher häufig – wegen der vielen Chemie, die sie in den Teig schütten musste. Diese Chemie ist unser täglich Brot.

Backwüste Deutschland

Das Bäckersterben erleiden wir an jeder Ecke. Wo früher

> 2 Für jede Brotsorte hat der Automat das perfekte Programm.

ein dralles Mädchen mit roten Bäckchen duftende Semmeln aus großen Körben in eine Papiertüte schaufelte, vom Apfelkuchen nach Omas Rezept riesige Stücke abschnitt, steht heute ein Steh-Café mit einer gigantischen Espresso-Maschine. Brötchen und Kuchen kommen aus der Fabrik und werden vor Ort aufgebacken. Genauso schmecken sie auch. Eben nach industriellen Backwaren, die als vorgebackene Rohlinge an Supermärkte, Tankstellen und die Filialen der Großbäckereien geliefert werden. Wen es heute nach einer handgemachten Breze gelüstet, einem Hausmacher-

5

Theorie
NICHTS IST SINNLICHER ALS BACKEN

kuchen, der muss suchen und suchen … Und dann kaut er immer auf was rum, das mit so obskuren Zutaten wie »Brotstabil«, »Backperls« oder »Back-Syrol« zubereitet wurde. Pure Natur aus dem Ofen garantiert nur der Bio-Bäcker. Und weil der Verzicht auf Zusätze Zeit kostet, ist Bio auch teurer.

Back to the Back-Roots

Wer Geld sparen und seinen Frischkäse oder Honig auf einer gesunden Unterlage verstreichen will, wer gerne süße Schnitten, Tartes oder Kleingebäck isst, ohne dass es stante pede auf die Hüften wandert, der kann auch selber Hand anlegen. Und dabei

1 Obst und Nüsse sind unverzichtbar in der GLYX-Backstube.

den Spaß ernten, den Rühren, Kneten, Stechen, Formen, Belegen oder Schnuppern bereitet. Haben Sie mal Kinder im Sandkasten beobachtet? Mit welcher Wonne sie »Backe-Backe-Kuchen« spielen? Auch Sie waren einmal so ein Kind, und das steckt immer noch in Ihnen. Machen Sie ihm eine Freude.

Backen nach dem GLYX-Prinzip …

… heißt am Ende genießen: frisches Walnussbrot, Quarkbrötchen, Glyxspitzen, Nusskekse, Muffins, Käsekuchen, Joghurt-Torte mit Beeren, Pilzpastetchen, Lauchquiche, Meeresfrüchte-Pizza – ganz ohne schlechtes Gewissen, mit optimalem GLYX. GLYX ist die Abkürzung für »glykämischer Index«, der anzeigt, wie stark ein Lebensmittel die Bauchspeicheldrüse anregt, Insulin auszuschütten. Insulin macht Heißhunger und verhindert den Fettabbau. Brot, Kuchen & Co. sind in der Regel Vertreter der Gattung »hoher GLYX« und locken viel Insu-

lin, machen Hunger auf mehr und dick. Aber nicht, wenn Kuchen und Brot aus der GLYX-Küche kommen, sie arbeitet mit:

➤ **naturbelassenen, frischen Zutaten.** Die GLYX-Backstube verwendet statt Weißmehl frisches Vollkornmehl oder Schrot. Warum das Korn nicht selbst blitzschnell durch die Mühle lassen? Auch Honig statt raffiniertem Zucker optimiert den GLYX. Und kaltgepresste Öle ersetzen auf gesunde Art und Weise die Billigmargarine. (siehe S. 11).

➤ **cleveren Kombinationen.** Den GLYX eines Lebensmittels kann man runterdimmen, indem man es mit glyxniedrigen Zutaten kombiniert: die Beeren auf den Mürbeteig, die Nüsse im Teig, der Quark im Brot …

➤ **einer lustfreundlichen Ess-Philosophie.** Die alles erlaubt – nur manches in Maßen. Es muss ja nicht die ganze Erdbeertorte sein. Den Beweis treten wir auf den folgenden Seiten an. Einfach ausprobieren.

Theorie
KNOW-HOW DER GLYX-BACKSTUBE

Know-how der GLYX-Backstube

Typen-Sache...
Sie können Körner in verschiedenen Feinheitsgraden kaufen – von Mehl (fein gemahlen) über Grieß und Dunst bis zu Schrot (grob gemahlen). Achten Sie auch auf die Mehltype. Je höher, desto gesünder. Desto mehr Schalen-, Keimlinganteil und Mineralstoffe. Weizenmehl Type 405 ist weißes Auszugsmehl. Pure Stärke. Type 1050 enthält schon ziemlich viel. Und Type 1700 ist Weizenschrot, da steckt alles im Mehl bis auf den Keimling.
Tipp: Je höher die Type, desto weniger lange haltbar. Mehlfett kann binnen vier Wochen ranzig werden.

... oder das ganze Korn
Sie können aber auch ganze Getreidekörner kaufen. Sie halten sich trocken und kühl gelagert, jahrelang – ohne Vitalstoffe einzubüßen. Kaum mahlt man sie, rauben Licht und Luft und Wärme im Stundentempo die wertvollen Inhaltsstoffe. Was meinen Sie, was da noch im Regal-Päckchen Mehl steckt? Wer Gesundheit will und Geschmack, lässt sich sein Korn vor Ort frisch mahlen. Oder tut das zu Hause selbst. Die Getreidemühle auf fein oder grob einstellen. Körner einfüllen. Nach wenigen Minuten und heimeligem Gepolter kann man gesundes feines Mehl (mit allem drin) bis zu gröberem Schrot ernten.

Brot-Variationen
Backen Sie mit Brotgewürz. Gibt's geschrotet fertig zu kaufen, im Naturkostladen, Reformhaus oder in gut sortierten Supermärkten. Selbst gemacht auf Vorrat (für 4 kg Mehl): 5 EL Kümmel, 2 EL Koriander und je 1 EL Anis- und Fenchelsamen. Bei Bedarf im Mörser klein stoßen, mahlen oder ganz dem Teig zusetzen.
➤ **Salz:** Nichts schmeckt fader als ein Brot ohne Salz. Ideal ist Meersalz oder Bergkristallsalz. Es enthält mehr Mineralien als nur Natrium und Chlorid, in natürlichem Verhältnis.
➤ **Kernige Vielfalt:** Ein ganz anderes Brot zaubern Sie,

Frisch zerstoßen entfalten die Samen ihr volles Aroma.

wenn Sie 120 g Leinsamen, Sesamsamen, Mohn, Kürbis- und/oder Sonnenblumenkerne pro Kilogramm Mehl zugeben. Oder Sie backen gleich drei Sorten Brot auf einmal: Den fertigen Teig dritteln, je einen Teil Sonnenblumenkerne, Leinsamen und Kürbiskerne einarbeiten.
➤ **Für mehr Aroma:** Die oben genannten Ölsamen vorher in einer trockenen Pfanne leicht anrösten und abkühlen lassen. Ausnahme: Leinsamen. Ganze Samen mit kochend heißem Wasser übergießen und 5 Min. quellen lassen oder Leinsamen schroten. Pluspunkt: Körnerbrot hält länger.

Theorie
KNOW HOW DER GLYX-BACKSTUBE

▶ **Körner-Allerlei:** Auch anderes Getreide bringt Abwechslung. Kleberarme Mehle wie Roggen, Hafer, Gerste, Amaranth, Buchweizen können problemlos ein Drittel des kleberreichen Weizen- oder Dinkelmehls ersetzen. Für Einkorn- oder Fünfkornbrot, muss man ein bisschen mehr Zeit einplanen: Ganze Getreidekörner – 200 g pro 1 kg Mehl – mit kochend heißem Wasser übergießen und 12 Stunden quellen lassen. Körner(-mischung) abtropfen lassen, zusätzlich unter den gegangenen Teig kneten, erneut gehen lassen.

▶ **Sojamehl:** Es macht das Brot besonders eiweißreich. Optimal ist ein Mischungsverhältnis von vier Teilen Weizenmehl zu einem Teil Sojamehl. Also bei 1 kg Weizenmehl ruhig 200 g gegen fein gemahlene gelbe Sojabohnen oder Vollsojamehl (Reformhaus) tauschen. Pluspunkte: Soja macht das Brot haltbarer, schnittfester, geschmacklich runder.

▶ **Frische Abwandlung:** Für einen grünen »Blätterteig« pro Kilogramm Mehl zwei Hände voll gemischte, frische, fein gehackte Gartenkräuter (Schnittlauch, Petersilie, Dill, Basilikum), mediterrane Kräuter (Thymian, Rosmarin, Salbei, Oregano) oder Wildkräuter (Rucola, Sauerampfer, Löwenzahn, Bärlauch) unterkneten.

▶ **Auch Gemüse bringt Farbe:** 250 g Möhren oder Zucchini putzen, schälen, grob raspeln. 2 rote Paprikaschoten waschen, putzen und in winzig kleine Würfel schneiden. Oder 250 g Zwiebeln und 1 Knoblauchzehe fein würfeln und in 2 EL Olivenöl goldbraun braten. Gemüse oder Zwiebelmasse samt Bratfett untermischen.

▶ **Würz-Fantasien:** Die abgeriebene Schale von 1–2 unbehandelten Zitronen beifügen. 1–2 EL Curry- oder edelsüßes Paprikapulver mit 1 kg Mehl mischen. Oder für eine betont mediterrane Note 80 g geriebenen Parmesan und je 50 g gehackte schwarze Oliven und Kapern beifügen.

TIPPS FÜR DEN BACKAUTOMATEN

Diese Brote funktionieren auch im Backautomaten mit »Eigenprogramm«: Soja-Dinkelbrot (Rezept S. 16), Kerniges Buttermilchbrot (Rezept S. 16), Walnussbrot (Rezept S. 21), Schrotbrot (Rezept S. 18), Apfelfrüchtebrot (Rezept S. 24), Roggen-Sauerteigbrot (Rezept S. 18), dazu ein Viertel des Roggenmehls gegen Weizen-Vollkornmehl austauschen und das Brot 15 Min. länger backen. Knethaken vor dem Backen mit eingemehlten Fingern herausziehen. Brot vor dem Backen mit Wasser einpinseln, damit es bräunt.

1 Geriebenes Gemüse im Teig sorgt für Saftigkeit und Farbe.

Theorie
GERÄTEKUNDE

Lauter tüchtige Helfer

Getreidemühle: Feiner, flockiger, voluminöser als im Stahlmahlwerk wird das Mahlgut in der klassischen Steinmahlwerk-Mühle. Manche Mühlen können auch Flocken quetschen – das wird aber teuer. Für die paar Flocken fürs Müsli reicht die kleine handbetriebene Flockenquetsche. Dafür lieber in eine Steinmühle mit hochwertigem mit Keramik gebundenem Korundstein investieren, der für alle Getreidearten geeignet ist. Nur Hafer sollte man in kleinen Portionen (z. B. für den Babybrei) fein mahlen, grob mahlen geht auch in größeren Mengen. Das Gleiche gilt für Sojabohnen und Kichererbsen.
Steinuntauglich: Ölsaaten (z. B. Sesamsamen, Mohn).
Reinigung? Unnötig, wenn man zwischendurch Getreide grob mahlt. Eine sehr gute Stein-Mühle gibt's ab 229 Euro (siehe S. 61).

Brotbackautomat: Er ist eine herrliche Erfindung – wenn man keine Zeit hat. Zutaten einfüllen, Programm wählen, starten. Die Maschine rührt, knetet, wartet bis der Teig gegangen ist und bäckt ganz automatisch. Es gibt Programme für die unterschiedlichsten Brote von Ciabatta über Vollkornbrot bis zu Sauerteigbrot. Die Krustenfarbe kann man von hell bis dunkel wählen. Nicht zu klein einkaufen, gut ist ein Fassungsvermögen von 750 bis 1300 Gramm. Übriges Brot einfrieren. Ein guter Automat kann bis zu 13 Stunden vorher programmiert werden, hat ein Eigenprogramm für individuelle Brotrezepte und kostet etwa 100 Euro (im Internet gibt's Luxusmodelle auch billiger.)

➤ **Tipp:** Für Roggensauerteigbrot ein Viertel des Roggenmehls durch kleberreiches Weizen-Vollkornmehl ersetzen und Hefe zugeben.

Kuchenformen: Für den Elektroherd sind sie aus Schwarzblech. Weißblech passt nur zum Gasherd. Beschichtete Formen geben den Kuchen lieber her, sind leicht zu reinigen. Gut, wenn die Oberfläche schnitt- und kratzfest ist. Neu: Formen aus Silikon. Grundausstattung: Spring-, Tarte-, Muffin-, Kastenform und Kuchenblech.
Brotbackformen: Die neuen Brotbackformen sind spezialbeschichtet und sauerteig-beständig. Gibt's rund (30 cm) für 1500-Gramm-Brote, oval (32 cm) für 750-Gramm-Brote und in Kastenformen. Eisenguss oder Steinkeramikformen speichern die Hitze sehr gut. Vorm Backen einfetten, mit Mehl ausstäuben. Im Römertopf gelingen Sauerteigbrote wunderbar. Topf mit Deckel wässern, mit Teig in den kalten Ofen stellen. Er gibt beim Backen Feuchtigkeit ab (erspart das Wasserschälchen).

Das gehört in die GLYX-Backstube

Getreide:
Bäcker unterscheiden zwischen kleberreichem, kleberarmem Getreide und so genanntem Pseudo-Getreide.

▶ **Kleberreich** sind Weizen sowie die Verwandten Grünkern und Dinkel. Das Kleber-Eiweiß bindet Flüssigkeit und sorgt für einen elastischen Teig. Gut geeignet für Teige mit Hefe. Brot und Gebäck werden locker.

▶ **Für Gebäck aus kleberarmen** Getreidesorten muss man sie mischen: Roggen mit Sauerteig oder Backferment. Gerste und Hafer mit Weizenmehl. Hirse sollte man – alleine schon wegen seines hohen GLYX – nur als Zusatz verwenden.

▶ **Vergleichbar mit kleberarmen** sind Pseudo-Getreide wie Buchweizen, Amaranth, Quinoa und Sojamehl. Besitzen geringen Kleberanteil, dafür liefern sie lebenswichtige Mineralien, gesunde Fette und Vitamine.

Süßer GLYX-Trick:
Alternative Süßmittel verwenden und sparsam damit umgehen.

▶ **Kristall-Süßer:** Vollrohrzucker ist der Natur noch näher. Fruchtzucker hat einen viel niedrigeren GLYX als Zucker und süßt stärker.

▶ **Fruchtsüßer:** Obstdicksaft, Frutilose, Obstkraut. Werden meist aus Äpfeln oder Birnen hergestellt. Sehr aromatisch. Und reich an Mineralstoffen.

▶ **Honig:** Am besten glyxniedrigen, flüssigen Akazienhonig verwenden. Aber nicht zu viel, sonst wird das Gebäck zu dunkel.

▶ **Sirup:** Ahornsirup schmeckt ein wenig wie Karamell. Zuckerrübensirup verleiht Brot eine kräftige Farbe.

▶ **Tipp:** Mischen Sie dem Brot etwas Zucker bei. Der hilft der Hefe beim Gehen. Und macht eine knusprige Kruste.

Treibhilfen:
▶ **Sauerteig:** Eignet sich für Roggen- und Vollkornbrote. Lässt sich gut mit Hefeteig kombinieren. Sauerteig selber ansetzen (siehe S. 12). Alternativen gibt's auch beim Bäcker oder im Reformhaus. Sauerteig-Extrakt in Pulverform nur im Notfall verwenden. Brote gehen damit nicht gut auf.

▶ **Backferment:** Granulat oder Pulver. Nimmt man für kleberarme Getreide. Ist ein guter Ersatz für Sauerteig und Hefe, daher ideal für Hefeallergiker.

▶ **Hefe:** Bringt man am besten bei zimmerwarmen Temperaturen zum Gehen. Frische Hefe verwenden, solange sie elastisch und hell ist. Trockenhefe nur nehmen, wenn's schnell gehen muss.

▶ **Backpulver:** Braucht man zum Kuchenbacken. Gesunde Alternative ist Weinstein-Backpulver. Ist phosphatfrei und enthält weinsaure Salze.

Theorie
DAS GEHÖRT IN DIE GLYX-BACKSTUBE

Nüsse & Samen:
Machen Brot und Gebäck aromatischer und knuspriger. Zum Beispiel Sesamsamen, Kürbiskerne oder Sonnenblumenkerne vor der Verwendung in einer trockenen Pfanne ohne Fett rösten, das steigert das Aroma. Dann unter den Teig mischen oder vor dem Backen aufstreuen. Leinsamen vorher in Wasser einweichen, oder gemahlen mit Mehl oder Schrot vermischen.
Walnuss- und Haselnusskerne ebenfalls rösten oder grob gehackt in den Teig einarbeiten. Erdnüsse in der Schale kaufen, schälen, häuten und hacken.

➤ **Nix für die GLYX-Backstube:** In Fett geröstete Nüsse aus der Snackbar im Supermarkt. Ideal wäre, wenn Sie die Kokosnuss selber raspeln. Alternative: Kokosraspel nehmen und sparsam verwenden.

Fette & Öle:
Butter und Speiseöle tragen neben Luft und Wasser zur Lockerung des Teiges bei. Butter nur sparsam verwenden. Bei Mürbeteigen kann man sie durch saure Sahne, Magerquark oder Schmand ersetzen.
Von Ölen am besten kaltgepresste Öle verwenden. Mild nussig schmecken Raps- oder Erdnussöl. Gut zu herzhaftem Gebäck passt Olivenöl. Soll das Gebäck nussig schmecken, Walnuss- oder Haselnussöl verwenden.

➤ **Hinweis:** Kaltgepresst ist gefährlich, weil durch Hitze krebserregende Stoffe entstehen? Nein. Diese Temperaturen werden beim Backen nicht erreicht, sagt Professor Karl-Heinz Engel vom Institut für Lebensmitteltechnologie an der TU Weihenstephan.

Die Unentbehrlichen:
➤ Buttermilch, saure Sahne, Kefir, Schmand, Dickmilch und Joghurt enthalten Milchsäure, die den Teig besonders locker macht. Sorgen für einen feinen Geschmack.

➤ Eigelb bindet, und dank Eiweiß wird das Gebäck luftig und knusprig. Für Eischnee frische, maximal eine Woche alte Eier verwenden.

➤ Obst und Gemüse sind in der GLYX-Backstube ideal als Belag oder Füllung. Beides senkt den GLYX des Gebäcks, solange Sie mit den glyxhohen Insulinlockern wie Bananen, Trauben, Honigmelonen oder Kürbis sparsam umgehen.

➤ **Tipp:** Versuchen Sie's mit Trockenfrüchten (Pflaumen, Apfelringe, Aprikosen, Birnen). Die lassen sich gut lagern und haben außerdem meist einen niedrigen GLYX.

Theorie
GRUNDREZEPT

Sauerteig-Ansatz

Das GLYX-niedrig-Brot par excellence ist ein Roggen-Sauerteigbrot. Zugegeben: Ein wenig Arbeit steckt drin. Aber das lohnt sich. Sauerteig ist ein Rohteig, in dem Milchsäurebakterien und wilde Hefekulturen »arbeiten«. Ihre Gärsäuren treiben auch reinen Roggen- oder Roggen-Mischteig in die Höhe. Sie können einen Sauerteigstarter selber herstellen. Setzen Sie ihn vier Tage vor dem Backen an, damit er genügend Triebkraft entwickelt.

FÜR CA. 300G ANSATZ
- 150 g feines Roggen-Vollkornmehl
- 1 EL zimmerwarmer Joghurt

TIPP

Gleich mehr ansetzen
Der Sauerteig-Ansatz hält sich verschlossen etwa 1 Woche im Kühlschrank oder 3 Monate im Tiefkühlfach. Wenn es schnell gehen muss: 2 Päckchen flüssigen Natursauerteig aus dem Reformhaus (à 150 g) kaufen oder beim Bäcker einen Natursauer vorbestellen und wie in den Rezepten beschrieben verarbeiten.

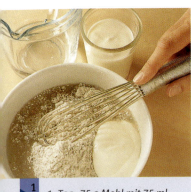

1 1. Tag: 75 g Mehl mit 75 ml lauwarmem Wasser und Joghurt verrühren. In ein sauberes Schraubglas füllen, verschließen. 24 Std. an einem warmen Ort (Heizungsnähe!) stehen lassen.

2 2. Tag: Den Ansatz im geschlossenen Gefäß einmal kurz durchschütteln – das Glas nicht öffnen! Einen weiteren Tag bei Zimmertemperaturen bis zu 28° gleichmäßig warm halten.

3 3. Tag: Übriges Mehl und 75 ml lauwarmes Wasser unter den Brei mischen. Verschlossen 24 Std. an einem warmen Ort ruhen lassen. Danach ist der Sauerteig-Ansatz verwendbar!

Theorie
KÜCHENPRAXIS

Tipps und Tricks

Teig ist zu fest

▶ Haben Sie bei einem Rezept das weiße Haushaltsmehl durch Vollkornmehl ersetzt? Teige aus Vollkorn quellen durch den hohen Kleiegehalt nach, brauchen ein Viertel bis ein Drittel mehr Flüssigkeit. Faustregel: Je gröber das Mehl, desto mehr Wasser oder Milch. Fett- und Eiermenge im gleichen Verhältnis erhöhen.

Der Teig klebt

▶ Nie sofort die ganze Flüssigkeitsmenge auf einmal in das Mehl schütten, sondern nach und nach untermischen. Wenn der Teig zu feucht ist, abwarten. Ein Vollkornteig muss eine Weile ruhen, damit das Mehl ausquellen kann. Falls er dann immer noch zu stark kleben sollte, fein gemahlenes Mehl in kleinen Mengen einarbeiten.

Brot bleibt flach

▶ Vollkornteige immer sehr gründlich kneten, schlagen und wenden, damit sich alle Zutaten gut verbinden und die mehleigenen Eiweißstoffe, darunter der Kleber, aktiviert werden. Sonst geht der Teig nicht auf. Schwere Vollkornteige benötigen mehr Triebmittel als Weißmehlteige. Teige mit Roggen über Nacht mit Sauerteig säuern.

Eiweiß-Pannen

▶ Gründe dafür: Im Eiweiß war Eigelb. Die Geräte waren nicht fettfrei. Sie haben den Zucker zu früh zugefügt. Da gibt es leider keine Rettung. Frisches Eiweiß nehmen, eine Prise Salz zufügen und mit den Schneebesen des Handmixers im kleinsten Gang starten. Wenn der Schnee fest ist, mit Zucker im hohen Tempo fertig schlagen.

Gebäck wird dunkel

▶ Mit Sirup und Honig statt Zucker im Teig werden Kuchen und Feingebäck oft schneller dunkel. Beobachten Sie das Backwerk, wenn sich die angegebene Backzeit dem Ende nähert. Hat es die goldbraune Färbung erreicht, decken Sie es mit Backpapier ab und backen Sie es fertig. Pergamentpapier kann verbrennen.

Gebackenes klebt fest

▶ Backblech und Formen müssen vor dem Backen eingefettet werden, sonst kleben Brot oder Brötchen und Kuchen später an. Dafür eignen sich neutrale Öle wie Raps- und Erdnussöl, auch Butter und bei Deftigem Olivenöl. Beim Backen ohne Form das Brot auf ein mit Öl oder mit Backpapier belegtes Blech setzen.

Ofenfrisch – Brot & Brötchen

Immer dieselbe Not am Samstagmorgen: Aufstehen und beim Bäcker wählen dürfen zwischen Glyxspitz, Walnussbrot oder Amaranth-Zöpfchen? Oder weiter schlafen? Bleiben Sie liegen. Der Selber-Bäcker kriegt immer, was er will – wenn es sein muss, sogar im Juni ein weihnachtliches Früchtebrot.

15	Quarkbrötchen	21	Walnussbrot
15	Hafer-Knäckebrot	21	Kräuter-Joghurt-Brot
16	Soja-Dinkelbrot	22	Glyxspitzen
16	Kerniges Buttermilchbrot	22	Grünkernhörnchen
18	Schrotbrot	24	Apfelfrüchtebrot
18	Roggen-Sauerteigbrot	24	Amaranth-Zöpfchen

Rezepte
BLITZREZEPTE

Blitzrezepte

Quarkbrötchen

FÜR 16 STÜCK À CA. 60 G

➤ 500 g Magerquark | 2 Eier | 2 EL Rapsöl | 1 TL Salz | 500 g feines Weizen-Vollkornmehl | 2 TL Weinstein-Backpulver | 100 g Backpflaumen | Mohn zum Bestreuen | Fett für das Blech

1 | Backofen auf 180° vorheizen. Blech fetten. Quark, Eier, Öl und Salz glatt rühren. Mehl und Backpulver mischen, mit den übrigen Zutaten glatt verkneten.

2 | Backpflaumen klein würfeln, unterkneten. Eine Rolle formen, in 16 gleich große Stücke schneiden. Daraus runde Brötchen formen und oben über Kreuz einkerben, mit Mohn bestreuen. Auf das Blech setzen. Im Backofen (Mitte, Umluft 160°) 20 Min. backen.

Hafer-Knäckebrot

FÜR 20 STÜCK À CA. 35 G

➤ 5 EL Rapsöl | 350 g mittelfein gemahlener Roggen | 150 g mittelfein gemahlener Hafer | 1 TL Salz | Backpapier für die Bleche | Mehl zum Arbeiten

1 | Backofen auf 200° vorheizen. Zwei Bleche mit Backpapier belegen. 300 ml Wasser und Öl verrühren. Roggen- und Hafermehl mit Salz mischen. Wasser einrühren, 10 Min. quellen lassen, zu einem Teig verkneten.

2 | Teig auf bemehlter Fläche zur Rolle formen. In 20 Stücke teilen und je zu einem Fladen (⌀ 12 cm) ausrollen. Auf die Bleche geben, mit einer Gabel mehrmals einstechen. Im Backofen (Mitte, Umluft 180°) 10 Min. backen.

Rezepte
OFENFRISCH – BROT & BRÖTCHEN

eiweißreich
Soja-Dinkelbrot

FÜR 1 BROTFORM VON
30 CM LÄNGE (CA. 1,5 KG)

➤ 850 g Dinkel
150 g gelbe Sojabohnen
1 1/2 Würfel Hefe (60 g)
2 TL Meersalz
2 EL Rapsöl
Fett für die Form

🕐 Zubereitung: 30 Min.
🕐 Gehzeit: 1 Std. 15 Min.
🕐 Backzeit: 45 Min.
➤ Pro Scheibe (50 g) ca.:
5 g EW 18 g KH

1 | Dinkel und Sojabohnen
fein mahlen, mischen. Hefe
zerbröckeln, in 1/2–5/8 l lauwarmem Wasser auflösen.
Mit Salz, Öl und Mehl glatt
verarbeiten. Abgedeckt 1 Std.
gehen lassen.

2 | Ofen auf 200° vorheizen.
Form einfetten. Teig durchkneten, zur Rolle formen und
in die Form legen. Ober-
fläche 1 cm tief einschneiden.
Teig weitere 15 Min. gehen
lassen. Im Backofen (Mitte,
Umluft 180°) – eine Tasse
heißes Wasser dazustellen! –
45 Min. backen.

gelingt leicht
Kerniges Buttermilchbrot

FÜR 2 BROTE À CA. 500 G

➤ 50 g Leinsamen
4 EL Kürbiskerne
4 EL Sonnenblumenkerne
2 EL Sesamsamen
1 Würfel Hefe (42 g)
2 TL Akazienhonig
500 g lauwarme
Buttermilch
750 g Weizen-
Vollkornmehl
2 TL Salz
Mehl zum Arbeiten
Fett für das Backblech

🕐 Zubereitung: 45 Min.
🕐 Gehzeit: 1 Std. 30 Min.
🕐 Backzeit: 30 Min.
➤ Pro Scheibe (50 g) ca.:
8 g EW 25 g KH

1 | Die Leinsamen in 5 EL
kochendem Wasser 5 Min.
quellen lassen. Kürbiskerne
grob hacken. Mit Sonnenblu-
menkernen und Sesamsamen
in einer Pfanne rösten,
abkühlen lassen.

2 | Hefe zerbröckeln, mit dem
Honig in 125 g lauwarmer
Buttermilch auflösen.

3 | Mehl in eine Schüssel
geben, in die Mitte eine Mulde drücken. Hefemischung
hineingießen, zugedeckt an
einem warmen Ort 15 Min.
gehen lassen. 1 EL Kern-
mischung abnehmen und
beiseite stellen. Rest mit Salz
und Leinsamen zum Vorteig
geben. Von der Mitte aus mit
dem Mehl vermengen. Übrige
Buttermilch zugießen, Teig
kräftig durcharbeiten, bis er
sich von der Schüssel löst.
Herausnehmen und durch-
kneten. Mit Mehl bestäuben,
zugedeckt 1 Std. gehen lassen.

4 | Backblech einfetten. Teig
durchkneten, halbieren und
zu zwei länglichen Laiben formen, oben je dreimal schräg
einschneiden. Auf das Blech
legen und 15–20 Min. gehen
lassen. Backofen auf 220°
(Umluft 200°) vorheizen. Mit
Wasser bestreichen, mit den
übrigen Kernen bestreuen. Im
Ofen (unten) 30 Min. backen.
Eine Tasse mit heißem Wasser
dazustellen.

➤ Variante: 100 g Getreidekörner, z. B. Fünfkornmi-
schung mit kochendem
Wasser übergießen, 12 Std.
quellen lassen. Statt der
Kerne untermischen.

im Bild rechts: **Soja-Dinkelbrot** *im Bild links:* **Kerniges Buttermilchbrot** ➤

Rezepte
OFENFRISCH – BROT & BRÖTCHEN

braucht etwas Zeit

Schrotbrot

FÜR 1 RUNDE BROTFORM
(30 CM Ø; CA. 1,5 KG)

➤ 300 g Roggenschrot

700 g Roggen-Vollkornmehl

300 g Sauerteig-Ansatz (Rezept S. 12; ersatzweise 300 g flüssiger Natursauerteig) | 2 TL Salz

1 TL Zuckerrübensirup

1 Würfel Hefe (42 g)

100 g Dickmilch (ersatzweise Naturjoghurt)

Mehl zum Arbeiten

Fett für das Blech

🕐 Zubereitung: 30 Min.

🕐 Quell- und Gehzeit: 6 Std. 45 Min.

🕐 Backzeit: 55 Min.

➤ Pro Scheibe (50 g) ca.: 4 g EW 23 g KH

1 | Roggenschrot mit 1/4 l kochendem Wasser begießen und 3 Std. quellen lassen.

2 | Roggenmehl in eine Schüssel geben, in die Mitte eine Mulde drücken. Sauerteig, Salz und Sirup zugeben und Hefe hineinbröckeln. 1/8 l lauwarmes Wasser mit Dickmilch verrühren, über die Hefe gießen, diese darin auflösen. Alles glatt verkneten, Schrot einarbeiten. Teig kräftig kneten, mit Mehl bestäubt 3 Std. gehen lassen.

3 | Form einfetten. Backofen auf 250° vorheizen. Teig kräftig kneten, zur Kugel formen, in der Form 45 Min. ruhen lassen. Im Ofen (unten, Umluft 220°) backen.

Grundrezept

Roggen-Sauerteigbrot

FÜR 1 BROT VON
CA. 1,4 KG

➤ 800 g Roggen-Vollkornmehl

300 g Sauerteig-Ansatz (Rezept S. 12; ersatzweise 300 g flüssiger Natursauerteig) | 2 TL Salz

Mehl zum Arbeiten

Backpapier für das Blech

🕐 Zubereitung: 30 Min.

🕐 Gehzeit: 3 Std. 45 Min.

🕐 Backzeit: 55 Min.

➤ Pro Scheibe (50 g) ca.: 4 g EW 20 g KH

1 | Mehl in eine Schüssel geben, in die Mitte eine Mulde drücken. Sauerteig zufügen, mit Mehl vermengen. 1/2 l lauwarmes Wasser und Salz einarbeiten. Teig auf bemehlter Fläche 10 Min. kneten. Mit Mehl bestäuben und zugedeckt an einem warmen Ort 3 Std. gehen lassen.

2 | Teig kräftig kneten, zu einem länglichen Laib formen. Zugedeckt weitere 45 Min. ruhen lassen.

3 | Ofen auf 250° (Umluft 220°) vorheizen. Blech mit Backpapier belegen. Brot darauf setzen, rundum mit Wasser bepinseln, mit einer Gabel mehrmals einstechen. Im Ofen (unten) 15 Min. backen – eine Tasse heißes Wasser dazustellen. Bei 200° (Umluft 180°) 30 Min. backen. Im abgeschalteten Ofen 10 Min. ruhen lassen.

➤ Varianten: Für ein Gewürzbrot je 1 TL Kümmel, Koriander und Fenchelsamen mit dem Roggen mehlfein mahlen (oder die Gewürze im Mörser zerstoßen) und untermischen.

Statt Roggen können Sie für ein Mehrkornbrot eine Mehlmischung aus je 200 g Roggen, Gerste, Weizen und Hafer nehmen.

im Bild vorne: **Roggen-Sauerteigbrot**   *im Bild hinten:* **Schrotbrot** ➤

Rezepte
OFENFRISCH – BROT & BRÖTCHEN

raffiniert | für Gäste

Walnussbrot

FÜR 3 LÄNGLICHE BROTE
À CA. 350 G:

➤ 500 g Dinkel-Vollkornmehl
200 g Hafer-Vollkornmehl
Salz | 1 Würfel Hefe (42 g)
1 TL Zuckerrübensirup
150 g grob gehackte
Walnüsse | 2 EL Walnussöl
3 EL lauwarme Milch
Mehl zum Arbeiten und
für das Blech

🕐 Zubereitung: 25 Min.
🕐 Gehzeit: 2 Std. 15 Min.
🕐 Backzeit: 45 Min.
➤ Pro Scheibe (25 g) ca.:
3 g EW 11 g KH

1 | Beide Mehlsorten mit 2 TL
Salz mischen. Hefe mit Sirup
in 5 EL lauwarmem Wasser
auflösen, mit Mehl und
knapp 3/8 l lauwarmem Wasser verkneten. Teig mit Mehl
bestäuben und an einem warmen Ort 1 Std. gehen lassen.

2 | Teig auf bemehlter Fläche
kräftig durchkneten. Nüsse
und Öl einarbeiten. Zuge-
deckt 1 Std. gehen lassen.

3 | Backofen auf 200° vorhei-
zen. Blech mit Mehl bestäu-

ben. Teig kurz durchkneten,
dritteln und drei längliche
Brotlaibe formen. Auf das
Backblech legen, Laibe oben
rautenförmig einschneiden.
Zugedeckt 15 Min. gehen lassen. Mit lauwarmer Milch
bestreichen, im Ofen (Mitte,
Umluft 180°) 45 Min. backen.

schmeckt warm und kalt

Kräuter-Joghurt-Brot

FÜR 1 BROTFORM VON
30 CM LÄNGE (CA. 1,4 KG)

➤ 400 g Weizen-
Vollkornmehl
200 g Gersten-
Vollkornmehl
1 Würfel Hefe (42 g)
1 TL Honig
400 g lauwarmer Natur-
joghurt | Salz
je 1 Bund Petersilie,
Schnittlauch und Basilikum
200 g milder Feta
3 TL Kräuter der Provence
2 EL Olivenöl
1 Eigelb
Fett für die Form
Mehl zum Arbeiten

🕐 Zubereitung: 45 Min.
🕐 Gehzeit: 1 Std. 30 Min.
🕐 Backzeit: 45 Min.

➤ Pro Scheibe (50 g) ca.:
4 g EW 15 g KH

1 | Beide Mehlsorten mi-
schen, in die Mitte eine Mulde drücken. Hefe hineinbröckeln, mit Honig und 100 ml
lauwarmem Wasser verrüh-
ren. Zugedeckt an einem warmen Ort 15 Min. gehen lassen. Joghurt bis auf 2 EL und
1 TL Salz unterkneten. Teig
zugedeckt an einem warmen
Ort 1 Std. gehen lassen.

2 | Frische Kräuter waschen
und trockenschütteln, die
Blättchen fein hacken. Feta
zerbröseln. Mit getrockneten
Kräutern, restlichem Joghurt
und Öl nicht zu fein pürieren.
Brotform einfetten.

3 | Teig durchkneten,
auf bemehlter Arbeitsfläche
rechteckig (30 × 40 cm) ausrollen, mit Kräutermasse bestreichen. Längsseiten etwas
einschlagen, Breitseiten zur
Mitte hin aufrollen. Mit der
Naht nach oben in die Form
legen. Zugedeckt 30 Min.
gehen lassen. Ofen auf 200°
vorheizen. Eigelb und 2 EL
Wasser verrühren, Brot bestreichen. Im Ofen (Mitte,
Umluft 180°) 45 Min. backen.

◄ im Bild vorne: **Walnussbrot**   im Bild hinten: **Kräuter-Joghurt-Brot**

Rezepte
OFENFRISCH – BROT & BRÖTCHEN

aus vollem Schrot und Korn

Glyxspitzen

FÜR 16 STÜCK À CA. 50 G

350 g Weizen-Vollkornmehl

300 g grob geschrotetes Sechskorngetreide (Weizen, Roggen, Hafer, Gerste, Dinkel, Hirse)

50 g Leinsamen

1 Würfel Hefe (42 g)

125 g Buttermilch | Salz

1 TL flüssiger Honig

4 EL Rapsöl

Mehl zum Arbeiten

Backpapier für das Blech

🕐 Zubereitung: 40 Min.
🕐 Gehzeit: 1 Std. 20 Min.
🕐 Backzeit: 20 Min.
➤ Pro Stück ca.: 6 g EW
   26 g KH

1 | Weizenmehl, Getreideschrot und Leinsamen mischen, 2 EL davon abnehmen und beiseite stellen. Hefe in 2 EL lauwarmem Wasser auflösen. Mit 200 ml lauwarmem Wasser, Buttermilch, 2 TL Salz, Honig und Öl mischen. Mit Mehl vermischen, alles zu einem Teig verarbeiten. Zugedeckt 1 Std. gehen lassen.

2 | Blech mit Backpapier belegen. Teig auf bemehlter Fläche kurz kneten. Zu einer Rolle formen, 16 Stücke abschneiden. Diese etwa 15 cm lang und nach außen spitz zulaufend rollen. Stangen auf das Blech setzen. Mit Wasser bestreichen, mit übriger Schrotmischung bestreuen. Weitere 20 Min. gehen lassen. Ofen auf 200° (Umluft 180°) vorheizen. Im Ofen (Mitte) 20 Min. backen.

rustikal | fürs Frühstück

Grünkern-hörnchen

FÜR 8 STÜCK À CA. 50 G

➤ **75 g Sauerteig-Ansatz (Rezept S. 12; ersatzweise flüssiger Natursauerteig)**

200 g Roggen-Vollkornmehl

200 g Grünkern-Vollkornmehl

1/2 Würfel Hefe (20 g)

1 EL Apfelkraut

1 TL gemahlenes Brotgewürz

Salz

3 EL Rapsöl

3 EL Getreideflocken

Mehl zum Arbeiten

Backpapier für das Blech

🕐 Zubereitung: 45 Min.
🕐 Gehzeit: 13 Min.
🕐 Backzeit: 20 Min.
🕐 Pro Stück ca.: 8 g EW
   39 g KH

1 | Sauerteig mit 1/8 l lauwarmem Wasser verrühren, die Hälfte des Roggenmehls einrühren. Zugedeckt 12 Std. gehen lassen.

2 | Übriges Roggenmehl, Grünkernmehl und 1/8 l lauwarmes Wasser unter den Vorteig mischen. Hefe darüber bröckeln, mit dem Apfelkraut auflösen. Brotgewürz, 1 TL Salz und Öl unterkneten. Teig zugedeckt 1 Std. gehen lassen.

3 | Backofen auf 200° heizen. Eine ofenfeste Schale mit Wasser hineinstellen. Blech mit Backpapier belegen. Teig auf bemehlter Fläche durchkneten. Zu einer Rolle formen, diese in 8 gleich große Stücke teilen. Diese jeweils zu einer Rolle formen, zu einem Hörnchen biegen und auf das Blech setzen. Hörnchen mit Wasser bepinseln, mit Getreideflocken bestreuen. Im Backofen (Mitte, Umluft 180°) 20–25 Min. backen.

im Bild vorne: Grünkernhörnchen   *im Bild hinten:* Glyxspitzen ➤

Rezepte
OFENFRISCH – BROT & BRÖTCHEN

Süßes ohne Sünde

Apfelfrüchte-brot

FÜR 1 KASTENFORM VON
30 CM LÄNGE (20 STÜCK)

➤ **750 g säuerliche Äpfel**

**200 g Dörrobstmischung
(z. B. Birnen, Äpfel,
Zwetschgen, Aprikosen)**

100 g Haselnuskerne

1 unbehandelte Zitrone

100 g Fruchtzucker

**300 g Weizen-
Vollkornmehl**

**200 g Roggen-
Vollkornmehl**

2 EL Weinstein-Backpulver

2 EL Kakaopulver

1 TL Zimtpulver

Öl und Mehl für die Form

🕐 Zubereitung: 30 Min.

🕐 Marinierzeit: 12 Std.

🕐 Backzeit: 1 Std.

➤ Pro Scheibe (70 g) ca.:
4 g EW 30 g KH

1 | Äpfel waschen, schälen, vierteln, entkernen und raspeln. Dörrobst in kleine Würfel schneiden, Nüsse grob hacken. Zitrone heiß waschen, abtrocknen und die Schale abreiben. Den Saft auspressen. Äpfel, Dörrobst, Zitronenschale, -saft und

Nüsse mit dem Fruchtzucker vermischen, zugedeckt 12 Std. ziehen lassen.

2 | Backofen auf 200° vorheizen. Kastenform einfetten und mit Mehl bestäuben. Beide Mehlsorten mit Backpulver, Kakao- und Zimtpulver vermischen, nach und nach unter die Apfelmasse arbeiten. Teig in die Form füllen. Im Ofen (Mitte, Umluft 180°) 1 Std. backen.

zu Süßem & Herzhaftem

Amaranth-Zöpfchen

FÜR 8 STÜCK À CA. 100 G

400 g Weizen

100 g Amaranth

**50 g Weizenmehl
(Type 1050)**

1 Würfel Hefe (42 g)

1 TL Zuckerrübensirup

150 ml lauwarme Milch

Salz | 4 EL Rapsöl

Mehl zum Arbeiten

Backpapier für das Blech

Amaranth zum Bestreuen

🕐 Zubereitung: 45 Min.

🕐 Gehzeit: 1 Std.

🕐 Backzeit: 15 Min.

➤ Pro Stück ca.: 10 g EW
45 g KH

1 | Weizen und Amaranth fein mahlen, beides mit dem Weizenmehl mischen, in die Mitte eine Mulde drücken. Hefe hineinbröckeln, mit Sirup und 5 EL lauwarmem Wasser verrühren. Mit Mehl bestäuben und zugedeckt an einem warmen Ort 10 Min. gehen lassen.

2 | Milch, 100 ml lauwarmes Wasser, 1/2 TL Salz und Öl zugeben, alles zu einem glatten Teig verkneten. Zugedeckt an einem warmen Ort 30 Min. ruhen lassen.

3 | Backblech mit Backpapier belegen. Teig kurz durchkneten, in 8 Portionen teilen. Jedes Stück auf bemehlter Fläche zu drei etwa 20 cm langen Strängen rollen. Je drei Stränge zu einem Zopf flechten und auf das Blech setzen. Zugedeckt 30 Min. ruhen lassen.

4 | Backofen auf 200° (Umluft 180°) vorheizen. Zöpfe mit Wasser bepinseln und mit Amaranth bestreuen. Im Ofen (Mitte) 15 Min. backen.

im Bild vorne: **Amaranth-Zöpfchen**   *im Bild hinten:* **Apfelfrüchtebrot** ➤

Herzhaft – Pizza & Co.

Die beste Pizza auf jeder Karte ist die »Pizza casa« – die Haus-Pizza. Noch besser: die Zuhause-Pizza. Da kommt nur drauf, was Sie am liebsten mögen. Und wenn Ihnen die Fladenshow zu einseitig wird, dann versuchen Sie internationale Alternativen: herzhafte Kuchen, Quiches, Tartes und Strudel.

27 Frischkäse-Fladen	30 Lauchquiche mit Sesam
27 Gemüsekuchen	33 Asiatischer Gemüsestrudel
28 Flammenkuchen	34 Pizzateig
28 Kräuter-Tomaten-Tarte	34 Meeresfrüchte-Pizza
30 Pikanter Käsekuchen	34 Paprika-Pizza

Rezepte
BLITZREZEPTE

Blitzrezepte

Frischkäse-Fladen
FÜR 4 PORTIONEN

➤ 400 g feines Dinkel-Vollkornmehl | Salz
8 EL Olivenöl | 100 g gehackte Mandeln
400 g körniger Frischkäse | 4 TL Curry-
pulver | 4 Tomaten | Backpapier

1 | Mehl mit 1 TL Salz, 4 EL Öl und 200 ml lauwarmem Wasser verkneten. Auf Backpapier zu zwei Fladen (je 35 × 25 cm) ausrollen und auf zwei Backblechen 10 Min. ruhen lassen.

2 | Ofen auf 200° vorheizen. Mandeln rösten, abgekühlt mit Frischkäse, Currypulver und übrigem Öl mischen. Auf den Teig geben. Tomaten waschen, halbieren, entkernen, klein würfeln, darüber streuen. Im Ofen (unten, Umluft 180°) nacheinander 20 Min. backen.

Gemüsekuchen
FÜR 1 SPRINGFORM VON 28 CM ⌀

➤ 100 g Magerquark | 2 EL Milch | 3 EL Olivenöl | Salz | 3 Eier | 200–220 g feines Weizen-Vollkornmehl | 2 TL Weinstein- Backpulver | 750 g TK-Italienisches Pfannengemüse | 50 g Kürbiskerne | 200 g Naturjoghurt | Pfeffer
40 g Parmesan, frisch gerieben

1 | Quark mit Milch, Öl, 1/2 TL Salz und 1 Ei verrühren. Mehl mit Backpulver mischen, mit der Quarkmasse verkneten. Ausrollen, in die Form geben, 15 Min. kalt stellen. Ofen auf 200° vorheizen. Gemüse mit Kernen 10 Min. braten. Vom Herd nehmen, Joghurt und übrige Eier unterrühren, salzen, pfeffern. Gemüse auf dem Teig verteilen, mit Käse bestreuen. Im Ofen (Mitte, Umluft 180°) 30 Min. backen.

Rezepte
HERZHAFT – PIZZA & CO.

Spezialität aus dem Elsass

Flammen-kuchen

FÜR 1 BACKBLECH
(12 STÜCK)

➤ 200 g Roggenschrot

200 g Weizen-Vollkornmehl

1 Würfel Hefe (42 g)

1 TL flüssiger Honig

75 g Sauerteig-Ansatz
(Rezept S. 12; ersatzweise
flüssiger Natursauerteig)

Salz

100 g Lachsschinken

2 große Zwiebeln

500 g Magerquark

100 g saure Sahne

Pfeffer | 4 EL Rapsöl

Mehl zum Arbeiten

Öl für das Blech

🕐 Zubereitung: 40 Min.

🕐 Gehzeit: 1 Std.

🕐 Backzeit: 20 Min.

➤ Pro Stück ca.: 12 g EW
25 g KH

1 | Schrot und Mehl mischen, in die Mitte eine Mulde drücken. Hefe zerbröckeln, mit Honig, 5 EL lauwarmem Wasser und Sauerteig verrühren. Vorteig in die Mulde gießen, mit Mehl bestäuben. Zugedeckt 15 Min. gehen lassen. Alles verkneten, dabei 150-200 ml lauwarmes Wasser und 1 TL Salz zufügen. Den Teig 45 Min. gehen lassen.

2 | Ofen auf 250° (Umluft 220°) vorheizen. Schinken klein würfeln. Zwiebeln schälen, vierteln, in feine Streifen schneiden. Quark und saure Sahne verrühren, salzen und pfeffern.

3 | Blech fetten, Teig darauf ausrollen, mit Quarkmasse bestreichen. Zwiebeln und Schinken darauf verteilen, mit Öl beträufeln. Im Ofen (Mitte) 20 Min. backen.

mediterran | für Gäste

Kräuter-Tomaten-Tarte

FÜR 1 TARTEFORM VON
28 CM ⌀ (12 STÜCK)

➤ 250 g Dinkel-Vollkornmehl

1 Päckchen Trockenhefe
(ersatzweise 1/2 Würfel
frische Hefe, 20 g)

5 EL Olivenöl

1 Ei | Salz

100 g lauwarme
Buttermilch

250 g Kirschtomaten

3 Knoblauchzehen

je 1/2 Bund Thymian und
Oregano

200 g Frischkäse | 1 Eigelb

50 g schwarze Oliven
mit Stein

Mehl zum Arbeiten

Öl für die Form

🕐 Zubereitung: 35 Min.

🕐 Gehzeit: 30 Min.

🕐 Backzeit: 30 Min.

➤ Pro Stück ca.: 5 g EW
16 g KH

1 | Mehl mit Hefe, 3 EL Öl, Ei, 1 TL Salz und Buttermilch verkneten. Zugedeckt 30 Min. gehen lassen.

2 | Ofen auf 200° vorheizen. Form einfetten. Teig kneten und auf wenig Mehl ausrollen, in die Form geben. Tomaten waschen und halbieren. Knoblauch schälen und in Scheiben schneiden. Kräuter waschen und grob hacken.

3 | Frischkäse mit Eigelb verrühren, auf den Teig streichen. Mit Tomaten, Knoblauch, Kräutern und Oliven belegen. Mit übrigem Öl beträufeln. Im Ofen (Mitte, Umluft 180°) 30 Min. backen.

im Bild vorne: **Flammenkuchen**   *im Bild hinten:* **Kräuter-Tomaten-Tarte** ➤

Rezepte
HERZHAFT – PIZZA & CO.

schmeckt auch kalt

Pikanter Käsekuchen

FÜR 1 SPRINGFORM VON
26 CM ⌀ (12 STÜCK)

- **200 g gesiebtes feines Dinkel-Vollkornmehl**

  100 g Gouda, frisch gerieben

  150 g saure Sahne

  5 EL Rapsöl | Salz

  1 Bund Frühlingszwiebeln

  1 Bund Petersilie

  1 Bund Schnittlauch

  500 g Magerquark

  200 g Ricotta

  3 Eier | Pfeffer

  Fett für die Form

- Zubereitung: 30 Min.
- Kühlzeit: 30 Min.
- Backzeit: 1 Std.
- Pro Stück ca.: 14 g EW 14 g KH

1 | Mehl, 50 g Gouda, saure Sahne, 4 EL Öl und 1 Prise Salz rasch verkneten. Form einfetten. Mit dem Teig auskleiden. 30 Min. kalt stellen.

2 | Ofen auf 180° vorheizen. Frühlingszwiebeln waschen, putzen und klein schneiden. Übriges Öl erhitzen. Zwiebeln darin 2 Min. braten, abkühlen lassen. Kräuter waschen und trockenschütteln, hacken, bzw. in Röllchen schneiden.

3 | Quark mit Ricotta und Eiern verrühren. Zwiebeln, Kräuter und übrigen Gouda untermischen, salzen und pfeffern. Quarkmasse auf dem Teig verteilen. Im Backofen (Mitte, Umluft 160°) 1 Std. backen.

raffiniert | vegetarisch

Lauchquiche mit Sesam

FÜR 1 SPRINGFORM VON
28 CM ⌀ (12 STÜCK)

150 g Weizen-Vollkornmehl

100 g Weizenmehl (Type 1050) | 4 Eier

Salz | Pfeffer

8 EL Olivenöl

500 g Lauch

1 rote Paprikaschote

Muskatnuss, frisch gerieben

125 g Mozzarella

150 g saure Sahne

6 EL Milch

2 EL geschälte Sesamsamen

Öl für die Form

- Zubereitung: 45 Min.
- Kühlzeit: 30 Min.
- Backzeit: 30 Min.
- Pro Stück ca.: 8 g EW 15 g KH

1 | Beide Mehlsorten mischen, in die Mitte eine Mulde drücken. 1 Ei, 1/2 TL Salz, Pfeffer, 4 EL eiskaltes Wasser und 6 EL Öl zufügen. Alles rasch verkneten. Den Teig 30 Min. kalt stellen.

2 | Ofen auf 200° vorheizen. Form einfetten. Lauch und Paprikaschote waschen und putzen. Lauch in Ringe, Paprikaschote klein würfeln. Übriges Öl erhitzen, Gemüse 5 Min. andünsten. Mit Salz, Pfeffer und Muskat würzen.

3 | Teig in die Form drücken, dabei einen Rand formen. Teigboden mehrmals einstechen, 10 Min. (Mitte, Umluft 180°) vorbacken.

4 | Mozzarella würfeln. Übrige Eier mit saurer Sahne und Milch verquirlen, salzen und pfeffern. Gemüse und Mozzarella in die Form füllen. Eiermilch darüber geben, mit Sesam bestreuen. Quiche in 20 Min. fertig backen.

im Bild vorne: **Pikanter Käsekuchen**   *im Bild hinten:* **Lauchquiche mit Sesam**

Rezepte
HERZHAFT – PIZZA & CO.

macht was her
Asiatischer Gemüsestrudel

FÜR 6 PORTIONEN

- 200 g Weizenmehl (Type 1050)
- 100 g Buchweizenmehl
- Salz | 2 Eier
- 3 EL Rapsöl
- 800 g TK-Chinesisches Pfannengemüse
- 150 g Tofu
- 1 Bund Petersilie
- 50 g Crème fraîche
- 2 EL gehackte Erdnüsse
- 1 EL Sojasauce
- Pfeffer | 1 Eigelb
- Öl zum Bestreichen
- Mehl zum Arbeiten
- Backpapier für das Blech

🕐 Zubereitung: 45 Min.
🕐 Ruhezeit: 1 Std.
🕐 Backzeit: 45 Min.

➤ Pro Portion ca.: 16 g EW 49 g KH

1 | Beide Mehlsorten mischen. 1/2 TL Salz, 1 Ei und Öl darauf verteilen. Knapp 1/8 l lauwarmes Wasser nach und nach einarbeiten, alles zu einem glatten Teig verkneten. Teig zur Kugel formen, rundum mit Öl einpinseln, in Folie wickeln und 1 Std. ruhen lassen.

2 | Eine Pfanne heiß werden lassen, das gefrorene Gemüse dazugeben und bei mittlerer Hitze 6 Min. braten. Die Pfanne vom Herd nehmen und das Gemüse etwas abkühlen lassen.

3 | Den Tofu klein würfeln. Petersilie waschen und hacken. Beides mit übrigem Ei, Crème fraîche und Nüssen unter das Gemüse mischen. Mit Sojasauce, Salz und Pfeffer würzen.

4 | Den Backofen auf 200° vorheizen. Das Blech mit Backpapier belegen. Den Teig auf einem großen bemehlten Tuch zu einem Rechteck ausrollen und mit beiden Händen auf etwa 50 × 60 cm ausziehen. Die Füllung darauf geben, rundum einen Rand von etwa 4 cm frei lassen. Die schmalen Seiten nach innen schlagen. Teig mit Hilfe des Tuches längs aufrollen und auf das Blech legen. Eigelb mit 2 EL Wasser verrühren, Strudel damit bestreichen. Im Backofen (Mitte, Umluft 180°) 45 Min. backen.

➤ Beilage: Tomatensauce, mit Chilisauce scharf gemacht.

1 Das Kneten
Den Teig kräftig durchwalken, bis er elastisch ist.

2 Das Einölen
Eine Kugel formen, mit Öl bepinseln. In Folie ruhen lassen.

3 Das Ausziehen
Teig dünn ausrollen, mit den Handrücken hauchdünn ausziehen.

4 Das Füllen
Den Teig sofort füllen, damit er nicht austrocknet.

Rezepte
HERZHAFT – PIZZA & CO.

Grundrezept

Pizzateig

FÜR 1 BACKBLECH

➤ 400 g Weizen-Vollkorn-
mehl | 1 TL Salz
1/2 Würfel Hefe (20 g)
2 EL Olivenöl
Mehl zum Arbeiten

🕒 Zubereitung: 15 Min.
🕒 Gehzeit: 45 Min.

1 | Mehl und Salz mischen,
in die Mitte eine Mulde drücken, Hefe hineinbröckeln
und mit 5 EL lauwarmem
Wasser verrühren. Mehl da-
rüber streuen. Zugedeckt
15 Min. gehen lassen. Mehl,
Hefeansatz, knapp 200 ml
lauwarmes Wasser und Öl
mischen. Teig 10 Min. kneten.
Mit Mehl bestäuben, zuge-
deckt an einem warmen Ort
30 Min. gehen lassen.

raffiniert für Gäste

Meeresfrüchte-Pizza

FÜR 1 BLECH (8 STÜCK)

➤ 1 Grundrezept Pizzateig
500 g TK-Meeresfrüchte
(gegart und aufgetaut)
2 EL Zitronensaft

125 g Mozzarella
1 Zwiebel
1 Bund Petersilie
500 g stückige Tomaten
Salz | Pfeffer
2 EL Olivenöl
2 Hände voll Rucola
Olivenöl für das Backblech

🕒 Zubereitung: 45 Min.
🕒 Backzeit: 20 Min.
➤ Pro Stück ca.: 20 g EW
33 g KH

1 | Teig zubereiten. Blech ein-
fetten, Teig darauf ausrollen.
Ofen auf 220° (Umluft 200°)
vorheizen.

2 | Meeresfrüchte mit Zitro-
nensaft beträufeln. Mozzarella in Scheiben schneiden.
Zwiebel schälen, fein würfeln.
Petersilie waschen, fein hacken. Zwiebel, Petersilie und
Tomaten verrühren, salzen
und pfeffern, auf den Teig
streichen. Erst Meeresfrüchte,
dann Käse darauf verteilen.
Würzen, mit Öl beträufeln.

3 | Im Ofen (Mitte) 20 Min.
backen. Rucola waschen, putzen, hacken und aufstreuen.

urgesund

Paprika-Pizza

FÜR 1 BLECH (8 STÜCK)

➤ 1 Grundrezept Pizzateig
1 große Dose geschälte
Tomaten (800 g Inhalt)
2 Knoblauchzehen
Salz | Pfeffer | 500 g
bunte Paprikaschoten
200 g Ricotta salata
2 EL Olivenöl | 2 EL Pesto
1/2 Bund Basilikum

🕒 Zubereitung: 45 Min.
🕒 Backzeit: 25 Min.
➤ Pro Stück ca.: 11 g EW
35 g KH

1 | Teig zubereiten. Blech ein-
fetten, Teig darauf ausrollen.
Ofen auf 220° vorheizen.
Tomaten abtropfen lassen,
fein hacken. Knoblauch
schälen, dazupressen, salzen
und pfeffern. Paprikaschoten
waschen, putzen, in Streifen
schneiden. Ricotta würfeln.

2 | Tomaten auf dem Teig
verteilen, Paprikastreifen
und Käse darauf legen, salzen
und pfeffern. Mit Öl beträufeln. Im Ofen (Mitte, Umluft
200°) 20-25 Min. backen.
Pesto darauf klecksen. Basi-
likumblätter darauf verteilen.

im Bild vorne: **Paprika-Pizza**   *im Bild hinten:* **Meeresfrüchte-Pizza** ➤

Fruchtig – Kuchen & Torten

Verboten sind Früchte nur im Paradies. Wer Kuchen, Torten und Schnitten mit Äpfeln, Aprikosen, Kirschen und Beeren belegt, zaubert erlaubte Genüsse. Weitere GLYX-taugliche himmlische Freuden für den Gaumen: Nusskuchen, Zucchinikuchen oder Joghurt-Torte mit Beeren.

37	Käsekuchen	43	Nusskuchen
37	Beeren-Tarte	43	Zucchinikuchen
38	Pflaumenschnitten	44	Preiselbeer-Rolle
38	Apfelschnitten vom Blech	44	Erdbeer-Avocado-Torte
40	Kirsch-Kokos-Schnitten	47	Joghurt-Torte mit Beeren
40	Obstgarten-Schnitten		

Rezepte
BLITZREZEPTE

Blitzrezepte

Käsekuchen

FÜR 1 SPRINGFORM VON 26 CM ⌀ (12 STÜCK)

➤ 1/2 unbehandelte Zitrone | 1 kg Magerquark | 4 EL Birnendicksaft | 1/4 l Milch | 4 EL Weizen-Vollkorngrieß | 2 EL Vollrohrzucker | 4 Eiweiße | 1 Prise Salz | Öl für die Form

1 | Form einfetten. Ofen auf 180° vorheizen. Zitrone heiß waschen, abtrocknen. Schale abreiben, Saft auspressen. Quark, Dicksaft, Zitronenschale und -saft verrühren. Milch, Grieß und Rohrzucker hinzufügen. Alles cremig verrühren.

2 | Eiweiße mit Salz steif schlagen und locker unter die Quarkcreme heben. In die Form füllen, glatt streichen. Im Ofen (Mitte, Umluft 160°) 45 Min. backen.

Beeren-Tarte

FÜR 1 TARTEFORM VON 30 CM ⌀ (12 STÜCK)

➤ 125 g Dinkelmehl (Type 1050) | 1 Prise Salz | 50 g kalte Butter | 175 g Magerquark | 200 g Naturjoghurt | 1 EL Fruchtzucker | 1 EL Crème légère | 600 g gemischte Beeren | Öl für die Form | Mehl zum Arbeiten

1 | Ofen auf 200° (Umluft 180°) vorheizen. Form fetten. Mehl mit Salz, Butterflocken und Quark glatt kneten. Auf bemehlter Fläche ausrollen, in die Form legen. Teigboden mehrmals einstechen, 15 Min. kühl stellen. Im Ofen (Mitte) 15 Min. backen. Leicht abgekühlt aus der Form lösen. Joghurt, Zucker und Crème légère verrühren. Beeren verlesen. Joghurtcreme auf den Boden geben. Beeren darauf verteilen.

Rezepte
FRUCHTIG – KUCHEN & TORTEN

raffiniert | herbstlich

Pflaumen-schnitten

FÜR 20 SCHNITTEN

- 200 g Magerquark
  6 EL Milch | 8 EL Rapsöl
  3 EL Fruchtzucker | 2 Eier
  100 g gehackte Haselnüsse
  300 g Weizen-Vollkornmehl
  1 TL Weinstein-Backpulver
  2 kg Pflaumen
  2 EL geschälte Sesamsamen
  1 TL abgeriebene Schale von 1 unbehandelten Zitrone
  1/4 TL Zimtpulver
  Öl für das Blech

⏱ Zubereitung: 40 Min.
⏱ Kühlzeit: 30 Min.
⏱ Backzeit: 30 Min.
▶ Pro Stück ca.: 5 g EW
  22 g KH

1 | Ofen auf 200° vorheizen. Blech einfetten. Quark mit Milch, Öl und 2 EL Zucker verrühren. Eier trennen, Eigelbe unterrühren. 50 g Haselnüsse mit Mehl und Backpulver mischen. Hälfte unter die Quarkmasse rühren. Die andere Hälfte unterkneten. 30 Min. kühl stellen.

2 | Pflaumen waschen, halbieren und entsteinen. Sesamsamen rösten. Eiweiße steif schlagen. Übrigen Fruchtzucker unter Rühren einrieseln lassen. Zitronenschale, Zimtpulver, übrige Nüsse und Sesamsamen unterheben.

3 | Teig ausrollen. Nussmasse darauf geben, Pflaumen dachziegelartig darauf verteilen. Im Ofen (Mitte, Umluft 180°) 30 Min. backen.

saftig | nussig

Apfelschnitten vom Blech

FÜR 16 STÜCK

- 300 g Weizenmehl (Type 1050)
  100 g Sojamehl (Reformhaus)
  1 Päckchen Trockenhefe (ersatzweise 1/2 Würfel Hefe, 20 g)
  200 ml lauwarme Milch
  100 ml Apfeldicksaft
  50 ml Walnussöl
  1,5 kg Äpfel (z. B. Boskop)
  2 EL Zitronensaft
  250 g Schmand | 2 Eier
  100 g Walnusskerne
  Öl für das Blech
  Mehl zum Arbeiten

⏱ Zubereitung: 40 Min.
⏱ Gehzeit: 25 Min.
⏱ Backzeit: 30 Min.
▶ Pro Stück ca.: 7 g EW
  27 g KH

1 | Ofen auf 180° vorheizen. Blech einfetten. Weizen- und Sojamehl mit Hefe mischen. Milch, 50 ml Apfeldicksaft und Öl unterrühren. Alles glatt verkneten. Zugedeckt an einem warmen Ort 25 Min. gehen lassen.

2 | Äpfel schälen, halbieren vom Kerngehäuse befreien, in schmale Spalten schneiden, mit Zitronensaft vermischen. Schmand, Eier und übrigen Dicksaft verrühren.

3 | Teig durchkneten, auf bemehlter Fläche ausrollen, auf das Blech legen. Äpfel dachziegelartig auf dem Teig verteilen. Schmandcreme darüber gießen. Mit Walnüssen bestreuen. Im Ofen (Mitte, Umluft 160°) 30 Min. backen.

TIPP Walnussöl durch Rapsöl ersetzen. Statt Walnusskernen Mandelstifte nehmen.

im Bild vorne: Pflaumenschnitten   im Bild hinten: Apfelschnitten vom Blech

Rezepte
FRUCHTIG – KUCHEN & TORTEN

gelingt leicht

Kirsch-Kokos-Schnitten

FÜR 20 STÜCK

➤ 1,5 kg Süßkirschen | 4 Eier
100 g Akazienhonig
300 g ungesüßte Kokos-milch (Dose)
1/4 TL Kardamompulver
1/4 TL Zimtpulver
1 TL Weinstein-Backpulver
200 g Dinkel-Vollkornmehl
200 g Kokosraspel
30 g Kokos-Chips zum Bestreuen
Öl für das Blech

🕑 Zubereitung: 40 Min.
🕑 Backzeit: 25 Min.
➤ Pro Stück ca.: 4 g EW
21 g KH

1 | Die Kirschen waschen, entstielen und entsteinen. Blech einfetten. Den Back-ofen auf 180° vorheizen.

2 | Eier mit Honig, Kokos-milch und Gewürzen verrüh-ren. Backpulver mit Dinkel-mehl mischen. Kokosraspel in einer trockenen Pfanne leicht anrösten. Etwas abkühlen las-sen, mit dem Mehl unter die Eier-Kokos-Masse rühren.

3 | Den Teig auf das Blech streichen. Kirschen darauf verteilen. Im Backofen (Mitte, Umluft 160°) 25 Min. backen. 5 Min. vor dem Ende der Backzeit die Kokos-Chips auf den Kuchen streuen.

mögen Kinder gern

Obstgarten-Schnitten

FÜR 20 STÜCK

➤ **Für den Teig :**
5 Eiweiße
1 Prise Salz
75 g Vollrohrzucker
150 g gemahlene Mandeln
➤ **Für den Belag:**
750 g gemischte Beeren (z. B. Johannisbeeren, Heidelbeeren, Brombeeren)
2 Kiwis
500 g Nektarinen
3 EL Apfeldicksaft
1 TL Agar-Agar (pflanz-liches Geliermittel; Reformhaus)
Backpapier für das Blech

🕑 Zubereitung: 45 Min.
🕑 Backzeit: 20 Min.
➤ Pro Stück ca.: 3 g EW
12 g KH

1 | Backblech mit Backpapier belegen. Backofen auf 160° vorheizen. Eiweiße, Salz und Rohrzucker in einer Metall-schüssel über dem heißen Wasserbad so lange schlagen, bis die Eiweißmasse fest und glänzend ist. Mandeln locker unterheben. Die Masse auf das vorbereitete Blech strei-chen. Im Ofen (Mitte, Um-luft 140°) 20 Min. backen. Herausnehmen, abkühlen lassen. Auf ein kaltes Blech stürzen. Backpapier abziehen.

2 | Beeren verlesen, eventuell waschen. Kiwis schälen, hal-bieren und quer in Scheiben schneiden. Nektarinen wa-schen, halbieren, entsteinen und die Hälften in schmale Spalten schneiden. Den Bo-den bunt und üppig mit dem Obst belegen.

3 | Apfeldicksaft mit Wasser auf 1/2 l auffüllen. Agar-Agar unterrühren. Die Mischung unter Rühren aufkochen und 2 Min. kochen lassen. Den Guss etwas abkühlen lassen und über dem Obst verteilen.

im Bild vorne: **Obstgarten-Schnitten**   *im Bild hinten:* **Kirsch-Kokos-Schnitten** ➤

Rezepte
FRUCHTIG – KUCHEN & TORTEN

einfach | schnell
Nusskuchen

FÜR 1 SPRINGFORM VON 24 CM ⌀ (12 STÜCK)

- 200 g Pecannüsse
  4 Eier
  1 Prise Salz
  50 g Vollrohrzucker
  2 EL Ahornsirup
  1 TL frisch geriebener Ingwer
  50 g Kastanienmehl (Reformhaus; ersatzweise feines Weizen-Vollkornmehl)
  Öl für die Backform

- Zubereitung: 25 Min.
- Backzeit: 30 Min.
- Pro Stück ca.: 4 g EW 8 KH

1 | Den Backofen auf 180° vorheizen. Die Form mit Öl einfetten. Die Pecannüsse fein hacken.

2 | Die Eier in Eigelbe und Eiweiße trennen. Eiweiße mit Salz steif schlagen.

3 | Die Eigelbe mit dem Rohrzucker und dem Ahornsirup schaumig rühren. Nüsse und Ingwer unterrühren. Das Kastanienmehl unter den Teig heben.

4 | Den Teig in die Form füllen. Im Ofen (Mitte, Umluft 160°) 30 Min. backen. Kuchen herausnehmen und etwas abkühlen lassen. Aus der Form lösen und erkalten lassen.

TIPP Anstatt Pecannüsse, Mandeln oder Haselnusskerne nehmen.

saftig-süß
Zucchinikuchen

FÜR 1 KASTENFORM VON 30 CM LÄNGE (16 STÜCK)

- 250 g kleine Zucchini
  3 Eier
  50 g Vollrohrzucker
  50 g Birnendicksaft
  1/8 l Rapsöl
  200 g gemahlene Haselnüsse
  30 g Kürbiskerne
  200 g Weizen-Vollkornmehl
  1 TL Zimtpulver
  2 TL Weinstein-Backpulver
  Backpapier für die Form

- Zubereitung: 30 Min.
- Backzeit: 50 Min.
- Pro Stück ca.: 5 g EW 15 g KH

1 | Ofen auf 180° vorheizen. Den Boden der Form mit Backpapier auslegen. Zucchini waschen, abtrocknen und mit der Schale fein reiben.

2 | Eier mit Rohrzucker, Birnendicksaft und Öl verrühren. Zucchiniraspel, Haselnüsse und Kürbiskerne unterrühren. Das Mehl mit dem Zimt- und Backpulver mischen. Die Mischung unter die Zucchinimasse heben.

3 | Den Teig in die Form füllen. Im Backofen (Mitte, Umluft 160°) 50 Min. backen. In der Form auskühlen lassen und aus der Form lösen. Das Backpapier abziehen.

- Variante: 400 g weiche Birnen schälen, vierteln, entkernen und in Scheibchen schneiden. Mit 1 EL Zitronensaft mischen. 3 Eier mit je 100 ml Birnendicksaft und Rapsöl verrühren. 1 TL Anispulver und 200 g gemahlene Haselnüsse unterrühren. 200 g Weizen-Vollkornmehl mit 1 TL Weinstein-Backpulver mischen und unterziehen. Birnen unterheben. In eine Springform geben. Im Ofen (Mitte) bei 175° backen.

◀ im Bild vorne: **Zucchinikuchen**   im Bild hinten: **Nusskuchen**

Rezepte
FRUCHTIG – KUCHEN & TORTEN

gut vorzubereiten

Preiselbeer-Rolle

FÜR 12 STÜCK

➤ 5 Eier | 1 Prise Salz
  50 g Vollrohrzucker
  75 g feines Buchweizen-mehl
  1 unbehandelte Orange
  300 g Dunst-Preiselbeeren aus dem Glas (Reform-haus, 180 g Abtropf-gewicht)
  100 g Schmand
  1 EL Ahornsirup
  Backpapier für die Form

🕐 Zubereitung: 20 Min.
🕐 Kühlzeit: 1 Std.
🕐 Backzeit: ca. 12 Min.
➤ Pro Stück ca.: 4 g EW 11 g KH

1 | Ofen auf 200° (Umluft 180°) vorheizen. Blech mit Backpapier belegen. Eier in Eigelbe und Eiweiße trennen.

2 | Eiweiße mit Salz steif schlagen. Eigelbe mit 2 EL lauwarmem Wasser und Zucker schaumig schlagen. Eischnee und Buchweizen-mehl unterheben. Auf dem Blech glatt streichen. Im Ofen (Mitte) 10–12 Min. backen.

3 | Ein Küchentuch auf die Arbeitsfläche legen. Biskuit darauf stürzen, Papier abzie-hen. Biskuit locker einrollen.

4 | Orange heiß waschen, abtrocknen, Schale abreiben, Saft auspressen. Preiselbeeren abtropfen lassen. Orangensaft und -schale mit Preiselbeeren vermischen. Schmand mit Ahornsirup verrühren. Bis-kuit entrollen. Mit Schmand-creme bestreichen. Beeren darauf verteilen. Einrollen und mit der Nahtstelle nach unten auf eine Platte geben. Mindestens 1 Std. in den Kühlschrank stellen.

Sommer-Feeling

Erdbeer-Avocado-Torte

FÜR 1 SPRINGFORM VON 26 CM Ø (12 STÜCK)

➤ 100 g gemahlene Haselnüsse
  3 Eier | 1 Prise Salz
  2 EL Ahornsirup
  1 reife Avocado
  150 g Frischkäse
  1 EL Fruchtzucker
  600 g Erdbeeren
  30 g gehackte Pistazien
  Backpapier für die Form

🕐 Zubereitung: 30 Min.
🕐 Backzeit: 20 Min.
➤ Pro Stück ca.: 5 g EW 8 g KH

1 | Backofen auf 180° vor-heizen. Den Boden der Form mit Backpapier auslegen. Die Nüsse in einer trockenen Pfanne leicht anrösten, abkühlen lassen. Eier in Eiweiße und Eigelbe trennen.

2 | Eiweiße mit Salz steif schlagen. Eigelbe mit Ahorn-sirup über dem heißen Was-serbad cremig schlagen. Eischnee und Nüsse locker unterheben. In die Form ge-ben. Im Backofen (Mitte, Umluft 160°) 20 Min. backen. Leicht abkühlen lassen, aus der Form lösen. Das Back-papier abziehen.

3 | Avocado schälen und vom Stein befreien, mit Frischkäse und Fruchtzucker pürieren. Den Kuchen rundum damit bestreichen.

4 | Erdbeeren waschen und putzen, größere Früchte hal-bieren. Den Kuchen üppig damit belegen. Den Rand mit Pistazien bestreuen.

im Bild vorne: **Preiselbeer-Rolle**   *im Bild hinten:* **Erdbeer-Avocado-Torte** ➤

Rezepte
FRUCHTIG – KUCHEN & TORTEN

für Gäste

Joghurt-Torte mit Beeren

FÜR 1 SPRINGFORM VON
26 CM ∅ (12 STÜCK)

➤ 5 Eier │ 80 g Fruchtzucker
1 Prise Salz
100 g Weizen-Vollkorn-mehl
50 g gemahlene Hasel-nüsse
500 g gemischte Beeren
(frisch oder gefroren und
aufgetaut; z. B. Himbeeren,
Johannisbeeren, Brom-beeren)
8 Blatt weiße Gelatine
1/2 unbehandelte Zitrone
500 g Naturjoghurt
200 g Frischkäse
3 EL Fruchtzucker
150 ml ungesüßter
Himbeersaft (Reformhaus)
Fett für die Form

⏱ Zubereitung: 50 Min.
⏱ Backzeit: 30 Min.
⏱ Kühlzeit: 2 Std. 10 Min.
➤ Pro Stück ca.: 8 g EW
21 g KH

1 │ Ofen auf 180° vorheizen.
Form einfetten. Eier trennen.
Eigelbe mit Zucker und 5 EL
lauwarmem Wasser schaumig
schlagen. Eiweiße mit Salz

steif schlagen. Mehl und
Nüsse mischen, abwechselnd
mit Eischnee unter die Eier-masse heben. In die Form fül-len. Im Ofen (Mitte, Umluft
160°) 30 Min. backen. Etwas
abkühlen lassen, aus der
Form lösen.

2 │ Beeren verlesen. Gelatine
einweichen. Zitronenschale
abreiben, Saft auspressen.
Joghurt mit Frischkäse, Zitro-nenschale und -saft sowie
2 EL Fruchtzucker glatt ver-rühren. 6 Blatt Gelatine tropf-nass erwärmen, unter Rühren
auflösen, unter die Masse
mischen. Ein Drittel der Bee-ren unterheben.

3 │ Biskuit quer halbieren,
Springformrand um einen
Boden legen, mit Creme be-streichen. Zweiten Boden
darauf setzen und mit übri-gen Beeren belegen.

4 │ Himbeersaft mit übrigem
Fruchtzucker verrühren und
erwärmen. Übrige Gelatine
ausdrücken, darin auflösen.
10 Min. kalt stellen, bis er zu
gelieren beginnt. Über den
Beeren verteilen, Die Torte
2 Std. kalt stellen.

➤ Variante:
Birnen-Schokoladen-Torte

Für den Biskuit Mehl mit
2 EL Kakaopulver mischen.
Teig wie links beschrieben
zubereiten und backen.
Den Tortenboden abkühlen
lassen und quer halbieren.
500 g reife Birnen vierteln,
schälen, entkernen und in
dünne Spalten schneiden.
In 1/8 l trockenem Weiß-wein mit 1 EL Zitronensaft,
1 EL Honig und 1 Prise
Zimtpulver 3 Min. dünsten.
Im Sud abkühlen, dann
abtropfen lassen. 500 g
Magerquark und 250 g
Ricotta mit 3 EL Birnendick-saft und Mark von 1 Vanille-schote verrühren. 4 Blatt
weiße Gelatine einweichen,
in 3 EL Birnensud auflösen
und unterrühren. 2 Eiweiße
steif schlagen, unterheben.
Unteren Boden mit 3 EL Bir-nensud beträufeln, mit der
Hälfte der Creme bestrei-chen. Zweiten Boden
darauf setzen, rundum mit
übriger Creme bestreichen.
Birnen darauf legen. 50 g
Bitterschokolade (70 %
Kakao) grob raspeln, die
Torte damit verzieren.

◀ *im Bild vorne:* Birnen-Schokoladen-Torte (Variante)   *im Bild hinten:* Joghurt-Torte mit Beeren   **47**

Gebäck – klein & fein

Den kleinen Hunger stillen Snacks aus der GLYX-Backstube: Erdnuss-Cookies, Rübli-Muffins, Pilzpastetchen. Oder servieren Sie doch mal Käsetaler zum Wein oder Amaretti zum Cappuccino. Und Weihnachten backen Sie herrlich duftende Lebkuchen Nürnberger Art.

49	Amaretti	54	Möhren-Muffins
49	Erdnuss-Cookies	54	Müsli-Muffins
50	Aprikosen-Kokos-Bällchen	56	Pikante Profiteroles
50	Käsetaler	56	Pilzpastetchen
52	Nusskekse	58	Sesam-Kipferl
52	Lebkuchen Nürnberger Art	58	Strudeltäschchen mit Tunfisch

Rezepte
BLITZREZEPTE

Blitzrezepte

Amaretti

FÜR 40 STÜCK

➤ 200 g gemahlene Mandeln | 60 g Vollrohrzucker | 1/2 Fläschchen Bittermandelöl | 2 Eiweiße | Backpapier für das Blech

1 | Ofen auf 150° vorheizen. Blech mit Backpapier belegen. Mandeln mit 30 g Zucker und Bittermandelöl vermischen.

2 | Eiweiße mit übrigem Zucker über dem heißen Wasserbad steif schlagen, bis die Masse glänzt. Mandelmischung löffelweise unterheben. Mit zwei Teelöffeln kleine Häufchen auf das Blech setzen. Im Ofen (Mitte, Umluft 130°) 15 Min. backen. Ofen ausschalten und Amaretti darin 1 Std. trocknen lassen.

Erdnuss-Cookies

FÜR 30 STÜCK

➤ 2 EL Erdnussöl | 3 EL Ahornsirup 1 EL Erdnusscreme (Reformhaus) | 1 Ei 1 TL abgeriebene Schale von 1 unbehandelten Orange | 1/2 TL Weinstein-Backpulver | 100 g Dinkelmehl (Type 1050) | 75 g fein gehackte, ungesalzene Erdnüsse | Backpapier für das Blech

1 | Ofen auf 180° vorheizen. Blech mit Backpapier belegen. Öl mit Sirup, Erdnusscreme und Ei glatt rühren. Orangenschale, Backpulver und Mehl mischen und unterrühren. Erdnüsse unterheben.

2 | Mit zwei Teelöffeln kleine Häufchen auf das Blech setzen. Im Ofen (Mitte, Umluft 160°) in 15-18 Min. goldbraun backen.

Rezepte
GEBÄCK – KLEIN & FEIN

ganz ohne Backen

Aprikosen-Kokos-Bällchen

FÜR 30 STÜCK

➤ 150 g getrocknete ungeschwefelte Aprikosen
1 unbehandelte Orange
1 Limette
2 EL Vollrohrzucker
125 g Kokosraspel

🕐 Zubereitung: 25 Min.
🕐 Quellzeit: 30 Min.
➤ Pro Stück ca.: 1 g EW 4 g KH

1 | Aprikosen klein würfeln. Orange heiß waschen und abtrocknen, die Schale fein abreiben. Saft der Orange und Limette auspressen. Limettensaft, Orangensaft und -schale mit Rohrzucker in einen Topf geben, unter Rühren erhitzen, bis sich der Zucker gelöst hat. Die Aprikosen damit übergießen. Zugedeckt 30 Min. quellen lassen. Mit dem Pürierstab kurz durchmixen.

2 | 100 g Kokosraspel mit der Aprikosenmasse vermischen. Übrige Kokosraspel in eine Schale schütten. Aus der Aprikosenmasse kleine Kugeln formen und die Kugeln in den Kokosraspeln wälzen.

3 | Die Aprikosen-Kokos-Bällchen kühl und trocken aufbewahren.

➤ Variante: Je 50 g gemahlene Mandeln und Kokosraspel mit den Aprikosen mischen, daraus kleine Bällchen formen.

pikante Knabberei

Käsetaler

FÜR 40 STÜCK

➤ 150 g Dinkel-Vollkornmehl
100 g Parmesan, frisch gerieben
125 g Magerquark
50 g Butter
Salz | Cayennepfeffer
gemahlener Kreuzkümmel
1 Eigelb
1 EL Milch
2 TL Kümmel zum Bestreuen
1 EL gehackte Mandeln
Mehl zum Arbeiten
Backpapier für das Blech

🕐 Zubereitung: 30 Min.
🕐 Kühlzeit: 30 Min.
🕐 Backzeit: 15 Min.
➤ Pro Stück ca.: 2 g EW 3 g KH

1 | Das Mehl sieben, mit dem Käse vermischen und auf die Arbeitsfläche geben. Quark, Butter in Flöckchen, 1/4 TL Salz, Cayennepfeffer und Kreuzkümmel nach Geschmack dazugeben. Alles rasch zu einem glatten Mürbeteig verkneten. Den Teig zur Kugel formen, in Folie wickeln und 30 Min. kalt stellen.

2 | Den Backofen auf 200° vorheizen. Das Backblech mit Backpapier belegen. Den Teig auf bemehlter Arbeitsfläche etwa 5 mm dick ausrollen. Aus dem Teig Taler von etwa 5 cm ∅ ausstechen und auf das Blech setzen.

3 | Eigelb mit Milch verquirlen, Plätzchen damit bestreichen. Die Hälfte mit wenig Kümmel bestreuen, die andere Hälfte mit gehackten Mandeln. Im Ofen (Mitte, Umluft 180°) 12–15 Min. backen.

➤ Variante: Für Käsestangen den Teig auf bemehlter Fläche ausrollen und daraus 2 × 8 cm große Stangen ausrädern.

im Bild links: **Käsetaler** *im Bild rechts:* **Aprikosen-Kokos-Bällchen** ➤

Rezepte
GEBÄCK – KLEIN & FEIN

»glyxliche«
Weihnachten
Nusskekse

FÜR 30 STÜCK

➤ **2 getrocknete Datteln**
100 g Sahne
2 EL Roggenschrot
4 EL Akazienhonig
2 EL Haselnuss-
oder Walnussöl
200 g gehobelte
Haselnüsse
50 g gehackte Pecannüsse
Backpapier für das Blech

🕐 Zubereitung: 15 Min.
🕐 Backzeit: 10 Min.
➤ Pro Stück ca.: 1 g EW 3 g KH

1 | Ofen auf 180° vorheizen.
Blech mit Backpapier belegen. Datteln klein würfeln.
Sahne mit Roggenschrot verrühren. Mit Honig und Öl
unter Rühren kurz aufkochen
lassen. Hasel- und Pecannüsse sowie Datteln unterrühren.
Masse auf der abgeschalteten
Herdplatte ziehen lassen.

2 | Mit zwei Teelöffeln Häufchen auf das Blech setzen. Im
Ofen (Mitte, Umluft 160°)
10 Min. backen. Abkühlen
lassen und vom Blech lösen.

➤ Variante: **Florentiner**
100 g Sahne mit 2 EL Amaranth, 4 EL Honig und 2 EL
Nussöl unter Rühren aufkochen. 50 g gemahlene
und 200 g gehobelte Mandeln unterrühren. Herdplatte ausschalten, Masse
ziehen lassen. Ofen auf
180° vorheizen. Blech mit
Backpapier belegen. Masse
mit zwei Teelöffeln in Häufchen auf das Blech setzen.
Im Ofen (Mitte) 10 Min.
backen.

gut vorzubereiten
Lebkuchen
Nürnberger Art

FÜR 30 STÜCK

➤ **200 g Akazienhonig**
50 g Fruchtzucker
75 ml Rapsöl
je 50 g getrocknete ungeschwefelte Aprikosen und
Birnen
150 g Dinkel-Vollkornmehl
150 g Dinkelmehl
(Type 630)
100 g gehackte Mandeln
2 TL Lebkuchengewürz
1 Ei
abgeriebene Schale von
1 unbehandelten Zitrone
2 TL Pottasche
(Reformhaus)
2 EL Orangensaft

15 abgezogene Mandeln
Mehl zum Arbeiten
Backpapier für das Blech

🕐 Zubereitung: 45 Min.
🕐 Backzeit: 20 Min.
➤ Pro Stück ca.: 2 g EW
16 g KH

1 | Honig und Zucker erwärmen, Öl unterrühren. Die
Masse abkühlen lassen.

2 | Trockenfrüchte sehr klein
würfeln. Mit beiden Mehlsorten, gehackten Mandeln
und Lebkuchengewürz vermischen. Ei in Eigelb und
Eiweiß trennen. Eigelb und
Zitronenschale unter die
Honigmasse rühren. Pottasche mit Orangensaft verrühren. Alles verkneten.

3 | Ofen auf 180° vorheizen.
Blech mit Backpapier belegen. Teig auf bemehlter Fläche etwa 1 cm dick ausrollen.
Runde Lebkuchen (etwa
7 cm ⌀) ausstechen und auf
das Blech legen. Mandeln halbieren. Eiweiß verquirlen.
Lebkuchen damit bestreichen
und mit je 3 Mandelhälften
belegen. Im Ofen (Mitte,
Umluft 160°) 20 Min. backen.

im Bild vorne: **Nusskekse**   im Bild hinten: **Lebkuchen Nürnberger Art** ➤

Rezepte
GEBÄCK – KLEIN & FEIN

saftig | gelingt leicht

Möhren-Muffins

FÜR 12 STÜCK

    1 unbehandelte Orange
    200 g Möhren
    200 g Weizenmehl (Type 1050)
    2 TL Weinstein-Backpulver
    1/2 TL gemahlener Ingwer
    100 g gehackte Walnüsse
    1 Ei
    3 EL Ahornsirup
    75 ml Walnussöl
    250 g Naturjoghurt (ersatzweise Rapsöl)
    12 Walnusshälften
    Öl für das Muffinblech

🕒 Zubereitung: 30 Min.
🕒 Backzeit: 25 Min.
➤ Pro Stück ca.: 5 g EW 18 g KH

1 | Backofen auf 175° vorheizen. Muffinblech einfetten. Orange heiß waschen und abtrocknen, die Schale abreiben, den Saft auspressen. Möhren waschen, schälen und fein raspeln. Mehl mit Backpulver, Ingwer und gehackten Nüssen mischen.

2 | Ei mit Ahornsirup, Öl und Joghurt verrühren. Möhren, Orangensaft und -schale unterrühren. Die Nuss-Mehlmischung vorsichtig unterheben.

3 | Den Teig in die Vertiefungen der Form füllen. Je 1 Walnusshälfte in die Mitte setzen. Im Backofen (Mitte, (Umluft 160°) in 20–25 Min. goldbraun backen.

auch zum Mitnehmen

Müsli-Muffins

FÜR 12 STÜCK

    1 mittelgroßer Apfel
    1 EL Zitronensaft
    100 g feine Vollkorn-Haferflocken
    50 g Sonnenblumenkerne
    je 2 EL Sojaflocken, Leinsamen und Sesamsamen
    50 g Sojamehl (Reformhaus)
    2 TL Weinstein-Backpulver
    1 Ei
    75 ml Rapsöl
    3 EL Akazienhonig
    250 g Buttermilch
    Öl für das Muffinblech

🕒 Zubereitung: 30 Min.
🕒 Backzeit: 25 Min.
➤ Pro Stück ca.: 7 g EW 12 g KH

1 | Backofen auf 180° vorheizen. Muffinblech einfetten. Apfel waschen, schälen und auf der Gemüsereibe nicht zu fein reiben, mit Zitronensaft vermischen. Haferflocken, Sonnenblumenkerne, Sojaflocken, Leinsamen und Sesamsamen in einer Pfanne leicht anrösten, abkühlen lassen. Mit Sojamehl und Backpulver mischen.

2 | Ei mit Öl und Honig verrühren. Die Buttermilch dazugeben. Mit der Haferflocken-Mehl-Mischung verrühren. Die Apfelraspel unterheben.

3 | Den Teig in die Vertiefungen der Form füllen. Im Backofen (Mitte, Umluft 160°) 20–25 Min. backen. Abkühlen lassen und aus der Form lösen.

TIPP Die Oberfläche der Muffins mit 1 EL Birnendicksaft bestreichen und mit gerösteten Sesamsamen bestreuen.

im Bild links: **Möhren-Muffins**   *im Bild rechts:* **Müsli-Muffins** ➤

Rezepte
GEBÄCK – KLEIN & FEIN

raffiniert | für Gäste

Pikante Profiteroles

FÜR 24 STÜCK

40 g Butter | Salz

je 50 g feines Weizen- und Grünkern-Vollkornmehl

2 Eier | 1 EL Pinienkerne

1 Bund gemischte Kräuter (z. B. Petersilie, Schnittlauch, Basilikum)

200 g Frischkäse

1 EL Olivenöl

Zitronenpfeffer

Backpapier für das Blech

🕐 Zubereitung: 30 Min.
🕐 Backzeit: 20 Min.
➤ Pro Stück ca.: 2 g EW 3 g KH

1 | Ofen auf 220° (Umluft 200°) vorheizen. Blech mit Backpapier belegen. Butter mit 1/2 TL Salz und 200 ml Wasser aufkochen. Beide Mehlsorten mischen, zugeben und so lange rühren, bis sich der Teig als Kloß vom Topfboden löst. Die Eier einzeln unterrühren.

2 | Teig mit zwei Teelöffeln in Häufchen auf das Blech setzen. Im Ofen (Mitte) in 20 Min. goldbraun backen.

3 | Pinenkerne leicht rösten und abkühlen lassen. Kräuter waschen, trockenschütteln, fein hacken bzw. in Röllchen schneiden. Mit Frischkäse und Öl verrühren. Mit Salz und Zitronenpfeffer würzen. Pinienkerne unterheben.

4 | Von den Profiteroles Deckel abschneiden. Untere Hälften mit Käsecreme füllen, den Deckel darauf setzen. Bis zum Servieren kühl stellen.

für asiatische Glücksmomente

Pilzpastetchen

FÜR 12 STÜCK

250 g Dinkelmehl (Type 1050)

6 EL Rapsöl

Salz | 1 Ei

150 g Egerlinge

2 Frühlingszwiebeln

50 g Mungobohnensprossen

1 Stück frischer Ingwer (etwa walnussgroß)

1 rote Chilischote

1 TL Sesamöl

2 TL Sojasauce

2 EL Sojaflocken

Mehl zum Arbeiten

Backpapier für das Blech

🕐 Zubereitung: 30 Min.
🕐 Ruhezeit: 30 Min.
🕐 Backzeit: 20 Min.
➤ Pro Stück ca.: 7 g EW 7 g KH

1 | Dinkelmehl mit 5 EL Öl, 1/4 TL Salz, Ei und 4–6 EL lauwarmem Wasser verkneten. Teig in einem Gefrierbeutel 30 Min. ruhen lassen.

2 | Egerlinge und Frühlingszwiebeln putzen und winzig klein schneiden. Sprossen waschen, grob hacken. Den Ingwer schälen und klein würfeln. Chilischote waschen, putzen und in feine Streifen schneiden.

3 | Übriges Öl erhitzen, Ingwer und Egerlinge darin anbraten. Zwiebeln, Sprossen und Chili kurz mitbraten. Mit Sesamöl, Sojasauce und Salz würzen. Sojaflocken unterrühren, abkühlen lassen.

4 | Ofen auf 180° vorheizen. Blech mit Backpapier belegen. Teig auf bemehlter Fläche ausrollen. Kreise von etwa 10 cm ⌀ ausstechen. Jeweils etwas Füllung darauf geben, zusammenklappen, andrücken. Im Ofen (Mitte, Umluft 160°) 20 Min. backen.

im Bild vorne: Pikante Profiteroles   *im Bild hinten:* Pilzpastetchen ➤

Rezepte
GEBÄCK – KLEIN & FEIN

zum Mitnehmen
Sesam-Kipferl

FÜR 16 STÜCK

➤ **50 g Sonnenblumenkerne**
1 TL Fenchelsamen
4 EL Sesamsamen
250 g Magerquark
100 ml Rapsöl
100 ml Milch | Salz
1 TL flüssiger Honig
500 g Weizen-Vollkornmehl
1 Päckchen Weinstein-Backpulver | 1 Ei
Mehl zum Arbeiten
Backpapier für das Blech

🕐 Zubereitung: 30 Min.
🕐 Backzeit: 25 Min.
➤ Pro Stück ca.: 8 g EW 21 g KH

1 | Ofen auf 180° vorheizen. Blech mit Backpapier belegen. Sonnenblumenkerne und Fenchelsamen mischen, grob hacken und mit 2 EL Sesamsamen leicht anrösten.

2 | Quark, Öl, Milch, 1 TL Salz und Honig glatt rühren. Mehl und Backpulver mischen. Die Hälfte unterrühren, restliches Mehl unterkneten. Teig auf bemehlter Arbeitsfläche 3–4 mm dick

ausrollen. Daraus Dreiecke (etwa 12 × 12 × 12 cm) ausschneiden. Das Ei trennen. Eigelb mit 2 EL Wasser verrühren. Eiweiß verquirlen. Dreiecke mit Eiweiß bestreichen, mit der Sesammasse bestreuen. Dreiecke von der Breitseite her aufrollen, zu Kipferln formen, auf das Blech legen. Mit Eigelb bestreichen und mit übrigem Sesam bestreuen. Im Ofen (Mitte, Umluft 160°) 25 Min. backen.

schmeckt nach mehr
Strudel-
täschchen
mit Tunfisch

FÜR 24 STÜCK

➤ **200 g Dinkel-Vollkornmehl**
1/4 TL Salz
4 EL Rapsöl | 1 TL Essig
50 g gehackte Mandeln
1 Dose Tunfisch im eigenen Saft (185 g Abtropfgewicht)
100 g grüne Oliven (ohne Stein)
1 getrocknete Chilischote
1 EL Olivenöl
1 EL Crème fraîche
Mehl zum Arbeiten
Backpapier für das Blech

🕐 Zubereitung: 45 Min.
🕐 Ruhezeit: 30 Min.
🕐 Backzeit: 20 Min.
➤ Pro Stück ca.: 3 g EW 6 g KH

1 | Mehl mit Salz mischen, in die Mitte eine Mulde drücken. 100 ml lauwarmes Wasser mit Öl und Essig verrühren, dazugeben und alles rasch zu einem glatten, geschmeidigen Teig verkneten. In einem Gefrierbeutel 30 Min. ruhen lassen.

2 | Ofen auf 200° vorheizen. Blech mit Backpapier belegen. Mandeln in einer trockenen Pfanne anrösten, abkühlen lassen. Tunfisch abgießen. Oliven grob hacken. Mit Tunfisch, zerriebener Chilischote und Öl im Mixer pürieren. Crème fraîche und Mandeln unterrühren.

3 | Teig auf leicht bemehlter Arbeitsfläche hauchdünn ausrollen. In Quadrate von 10 × 10 cm Größe schneiden. Jeweils etwas Füllung in die Mitte geben, jeweils zu Dreiecken zusammenklappen. Die Ränder mit einer Gabel andrücken. Auf das Blech legen. Im Ofen (Mitte, Umluft 180°) 20 Min. backen.

im Bild vorne: **Strudeltäschchen mit Tunfisch**   *im Bild hinten:* **Sesam-Kipferl** ➤

Damit Sie Rezepte mit bestimmten Zutaten noch schneller finden können, stehen in diesem Register zusätzlich auch beliebte Zutaten wie Beeren, Dinkel, Quark – ebenfalls alphabetisch geordnet und **hervorgehoben** – über den entsprechenden Rezepten.

A

Amaranth-Zöpfchen	24
Amaretti	49
Apfel	
Apfelfrüchtebrot	24
Apfelschnitten vom Blech	38
Müsli-Muffins	54
Aprikosen-Kokos-Bällchen	50
Asiatischer Gemüsestrudel	33
Avocado: Erdbeer-Avocado-Torte	44

B

Beeren	
Beeren-Tarte	37
Erdbeer-Avocado-Torte	44
Joghurt-Torte mit Beeren	47
Obstgarten-Schnitten	40
Birnen-Schokoladen-Torte (Variante)	47
Brotbackautomat	8, 9
Brotbackformen	9
Brotgewürz	7
Buttermilch	
Glyxspitzen	22
Müsli-Muffins	54
Kerniges Buttermilchbrot	16

D

Dinkel	
Beeren-Tarte	37
Erdnuss-Cookies	49
Frischkäse-Fladen	27
Käsetaler	50
Kirsch-Kokos-Schnitten	40
Kräuter-Tomaten-Tarte	28
Lebkuchen Nürnberger Art	52
Pikanter Käsekuchen	30
Pilzpastetchen	56
Soja-Dinkelbrot	16
Strudeltäschchen mit Tunfisch	58
Walnussbrot	21

E

Erdbeer-Avocado-Torte	44
Erdnuss-Cookies	49

F

Flammenkuchen	28
Frischkäse	
Pikante Profiteroles	56
Frischkäse-Fladen	27

G

Gemüsekuchen	27
Gemüsestrudel, Asiatischer	33
Getreide	10
Getreidemühle	9, 61
Glykämischer Index	6
Glyxspitzen	22
Grundrezepte	
Pizzateig	
Roggen-Sauerteigbrot	18
Sauerteig-Ansatz	12
Grünkernhörnchen	22

H

Hafer-Knäckebrot	15
Hefeteig	
Amaranth-Zöpfchen	24
Apfelschnitten vom Blech	38
Glyxspitzen	22
Kerniges Buttermilchbrot	16
Kräuter-Joghurt-Brot	21
Kräuter-Tomaten-Tarte	28
Meeresfrüchte-Pizza	34
Paprika-Pizza	34
Pizzateig (Grundrezept)	34
Walnussbrot	21

J

Joghurt	
Joghurt-Torte mit Beeren	47
Kräuter-Joghurt-Brot	21
Möhren-Muffins	54

K

Käsekuchen	37
Käsekuchen, Pikanter	30
Käsetaler	50
Kerniges Buttermilchbrot	16
Kirsch-Kokos-Schnitten	40
Kokosmilch: Kirsch-Kokos-Schnitten	40
Kokosraspel: Aprikosen-Kokos-Bällchen	50
Know-how der GLYX-Backstube	7
Kräuter-Joghurt-Brot	21
Kräuter-Tomaten-Tarte	28
Kuchenformen	9

L

Lauchquiche mit Sesam	30
Lebkuchen Nürnberger Art	52

Extra
REGISTER

M
Meeresfrüchte-Pizza	34
Mandeln: Amaretti	49
Mehlsorten	7
Möhren-Muffins	54
Müsli-Muffins	54

N
Nektarinen: Obstgarten-Schnitten	40
Nusskekse	52
Nusskuchen	43

O/P
Obstgarten-Schnitten	40
Paprika-Pizza	34
Pflaumen	
Quarkbrötchen	15
Pflaumenschnitten	38
Pikante Profiteroles	56
Pikanter Käsekuchen	30
Pilzpastetchen	56
Pizzateig	34
Preiselbeer-Rolle	44
Profiteroles, Pikante	56

Q
Quark	
Birnen-Schokoladen-Torte (Variante)	47
Flammenkuchen	28
Gemüsekuchen	27
Käsekuchen	37
Käsetaler	50
Pflaumenschnitten	38
Pikanter Käsekuchen	30
Quarkbrötchen	15
Sesam-Kipferl	58

R
Ricotta	
Birnen-Schokoladen-Torte (Variante)	47
Paprika-Pizza	34
Roggen-Sauerteigbrot	18

S
Sauerteig	
Roggen-Sauerteigbrot	18
Sauerteig-Ansatz (Grundrezept)	12
Schrotbrot	18
Sesam-Kipferl	58
Soja-Dinkelbrot	16
Strudeltäschchen mit Tunfisch	58
Süßmittel	10

T
Tofu: Gemüsestrudel, Asiatischer	33
Tomaten	
Kräuter-Tomaten-Tarte	28
Meeresfrüchte-Pizza	34
Paprika-Pizza	34
Tunfisch: Strudeltäschchen mit Tunfisch	58

W/Z
Walnussbrot	21
Zucchinikuchen	43

TIPP

Zu bestellen:
GLYX-Mühle, Mixer & Co
Sie suchen Dinge, die das Leben leichter machen? Da gehört ein starker Mixer dazu, Trampolin, Pulsuhr, Körperfettwaage – oder eine Getreide-Mühle. Fidolino liefert alles nach Hause. Zum Beispiel die GLYX-Mühle – von der deutschen Firma Komo für die Autorin entwickelt. Gehäuse, massive Buche mit klassischer Holzverzapfung, optimal geformtes Mahlwerk

aus Korund, gebunden mit Keramik, mahlt 100 g Weizen pro Minute (360 Watt). Mit Platz für die Schüssel: 140 mm Unterstellhöhe. Der Trichter fasst ca. 1000 g. 3 Jahre Garantie. Für 229 Euro (incl. MwSt.) plus 5 Euro Versandkosten.

Bestellen/Informieren:
www.fidolino.com.
Telefon: 0 81 21/47 88 16; Fax: 0 81 21/ 47 88 17
E-Mail: info@fidolino.com

Extra
IMPRESSUM

Die Autorinnen

Marion Grillparzer ist Diplom-Oecotrophologin und entwickelte die GLYX-Diät aus ihrer 20-jährigen Erfahrung mit dem Thema. Die wissenschaftlichen Hintergründe »übersetzte« sie mit fröhlicher Feder so überzeugend, dass die spannende Lektüre motiviert, anders zu essen. Ihr Konzept gegen die Sorgen mit den Pfunden ist bestechend einfach und wirkungsvoll. Dazu finden Sie noch mehr auf: www.die-glyx-diaet.de

Martina Kittler, ebenfalls Diplom-Oecotrophologin, hat die unkomplizierten Rezepte mit niedrigem GLYX und hohem Fatburner-Potenzial entwickelt. Ihr Credo: Fitness durch gesunde Ernährung, verknüpft mit Genussfreude und pfiffigen Rezeptideen. Sie werden schmecken, wie gut sie dies in leckere Gerichte umsetzen kann!

Christa Schmedes lebt mit ihrer Familie in München. Sie arbeitet als freie Mitarbeiterin für namhafte Zeitschriften- und Buchverlage und in den Studios bekannter Foodfotografen. Seit 1993 schreibt sie als freiberufliche Autorin Koch- und Backbücher. Ihre Stärke ist, mit wenigen Zutaten schnelle und raffinierte Gerichte zu kreieren.

Der Fotograf

Michael Brauner arbeitete nach dem Abschluss der Fotoschule in Berlin als Fotoassistent in namhaften Fotografen in Frankreich und Deutschland und machte sich dann 1984 selbstständig. Sein individueller, atmosphärereicher Stil wird überall geschätzt: in der Werbung ebenso wie in vielen bekannten Verlagen.

Bildnachweis

Titelbild: Jörn Rymio, Hamburg
S.5, S.9 Mitte: Unold AG
S.9 li, S.61: Komo GmbH
alle anderen: Michael Brauner, Karlsruhe

©2005 GRÄFE UND UNZER VERLAG GmbH, München

Alle Rechte vorbehalten. Nachdruck, auch auszugsweise, sowie Verbreitung durch Film, Funk, Fernsehen und Internet, durch fotomechanische Wiedergabe, Tonträger und Datenverarbeitungssysteme jeder Art nur mit schriftlicher Genehmigung des Verlages.

Programmleitung: Doris Birk
Leitende Redakteurin: Birgit Rademacker
Redaktion: Stefanie Poziombka
Lektorat: Maryna Zimdars
Layout, Typografie und Umschlaggestaltung: Independent Medien Design, München
Fotografie: Fotostudio Michael Brauner
Satz: Uhl + Massopust, Aalen
Herstellung: Gloria Pall
Reproduktion: Repro Ludwig, Zell am See
Druck und Bindung: Kaufmann, Lahr

ISBN 3-7742-8786-4

Auflage	5.	4.	3.	2.	1.
Jahr	2009	08	07	06	05

Ein Unternehmen der
GANSKE VERLAGSGRUPPE

Das Original mit Garantie

Ihre Meinung ist uns wichtig. Deshalb möchten wir Ihre Kritik, gerne aber auch Ihr Lob erfahren. Um als führender Ratgeberverlag für Sie noch besser zu werden. Darum: Schreiben Sie uns! Wir freuen uns auf Ihre Post und wünschen Ihnen viel Spaß mit Ihrem GU-Ratgeber.

Unsere Garantie: Sollte ein GU-Ratgeber einmal einen Fehler enthalten, schicken Sie uns das Buch mit einem kleinen Hinweis und der Quittung innerhalb von sechs Monaten nach dem Kauf zurück. Wir tauschen Ihnen den GU-Ratgeber gegen einen anderen zum gleichen oder ähnlichen Thema um.

GRÄFE UND UNZER VERLAG
Redaktion
Kochen & Verwöhnen
Postfach 86 03 25
81630 München
Fax: 089/41981-113
E-Mail: leserservice@graefe-und-unzer.de

GU KÜCHENRATGEBER
Neue Rezepte für den großen Kochspaß

ISBN 3-7742-6891-6

ISBN 3-7742-7231-X

ISBN 3-7742-6887-8

ISBN 3-7742-6896-7

ISBN 3-7742-4891-5

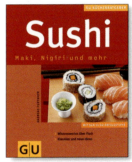

ISBN 3-7742-6339-6
64 Seiten, 7,50 € [D]

Das macht die GU Küchenratgeber zu etwas Besonderem:
- ➤ Rezepte mit maximal 10 Hauptzutaten
- ➤ Blitzrezepte in jedem Kapitel
- ➤ alle Rezepte getestet
- ➤ Geling-Garantie durch die 10 GU-Erfolgstipps

Willkommen im Leben.

LAGERUNG

> - Vollkornmehl oder -schrot – frisch gemahlen – möglichst sofort verbacken.
> - Beide sind nicht lange lagerfähig, verlieren an Aroma und Nährstoffen und können nach 4–6 Wochen ranzig sein.
> - Bei gekauftem Mehl oder Schrot das Haltbarkeitsdatum beachten.
> - Kleine Mehlmengen mahlen oder kaufen sowie trocken und kühl aufbewahren.

Geling-Garantie für das GLYX-Backen

GENAUIGKEITSREGEL

> - Die Flüssigkeitsmengen in den Rezepten sind Circawerte.
> - Beim Backen mit Vollkornmehl gilt: Je gröber das Mehl, desto mehr Flüssigkeit und Zeit braucht es zum Quellen.
> - Faustregel: Wasser (Milch) immer nach und nach zum Teig gießen. Jedes Getreide quillt unterschiedlich.

GUT IN FORM

> - Auf Nummer Sicher gehen: Hefe- und Sauerteig in eine gefettete Backform geben, damit sie sich während des Backens nicht weiter ausdehnen können.
> - Form nur zur Hälfte mit Teig füllen. Diesen vor dem Backen nochmals gehen lassen, bis er sich sichtlich vergrößert hat.

DIE BACKZEIT

> - Die Zeitangaben in den Rezepten sind Richtwerte. Je nach Herd können die Backzeiten schwanken. Sammeln Sie Erfahrungswerte.
> - Schon vor Ende der angegebenen Backzeit in den Ofen schauen.
> - Klopfprobe: Brot mit den Fingern auf der Unterseite beklopfen. Klingt es hohl, ist es durchgebacken.

James Krüss

Die Weihnachtsmaus
und andere Gedichte

Mit Bildern von Gergely Kiss

ellermann

Die Weihnachtsmaus

Die Weihnachtsmaus ist sonderbar
(Sogar für die Gelehrten),
Denn einmal nur im ganzen Jahr
Entdeckt man ihre Fährten.

Mit Fallen oder Rattengift
Kann man die Maus nicht fangen.
Sie ist, was diesen Punkt betrifft,
Noch nie ins Garn gegangen.

Das ganze Jahr macht diese Maus
Den Menschen keine Plage.
Doch plötzlich aus dem Loch heraus
Kriecht sie am Weihnachtstage.

Zum Beispiel war vom Festgebäck,
Das Mutter gut verborgen,
Mit einem Mal das Beste weg
Am ersten Weihnachtsmorgen.

Da sagte jeder rundheraus:
»Ich hab es nicht genommen!
Es war bestimmt die Weihnachtsmaus,
Die über Nacht gekommen.«

Ein andres Mal verschwand sogar
Das Marzipan vom Peter,
Was seltsam und erstaunlich war,
Denn niemand fand es später.

Der Christian rief rundheraus:
»Ich hab es nicht genommen!
Es war bestimmt die Weihnachtsmaus,
Die über Nacht gekommen!«

Ein drittes Mal verschwand vom Baum,
An dem die Kugeln hingen,
Ein Weihnachtsmann aus Eierschaum
Nebst andren leckren Dingen.

Die Nelly sagte rundheraus:
»Ich habe nichts genommen!
Es war bestimmt die Weihnachtsmaus,
Die über Nacht gekommen.«

Und Ernst und Hans und der Papa,
Die riefen: »Welche Plage!
Die böse Maus ist wieder da.
Und just am Feiertage.«

Nur Mutter sprach kein Klagewort.
Sie sagte unumwunden:
»Sind erst die Süßigkeiten fort,
Ist auch die Maus verschwunden.«

Und wirklich wahr: Die Maus blieb weg,
Sobald der Baum geleert war,
Sobald das letzte Festgebäck
Gegessen und verzehrt war.

Sagt jemand nun, bei ihm zu Haus –
Bei Fränzchen oder Lieschen –,
Da gäb es keine Weihnachtsmaus,
Dann zweifle ich ein bisschen.

Doch sag ich nichts, was jemand kränkt.
Das könnte euch so passen.
Was man von Weihnachtsmäusen denkt,
Bleibt jedem überlassen.

Schlittenweihnachten

Ein ferner Onkel spricht dann und wann
Von seinen Kindertagen,
Als er mit klingelndem Schlittengespann
Zur Weihnacht durchs Land gefahren.

Es war im Norden, nicht weit vom Meer.
Verschneit waren Wiesen und Felder.
Durch winzige Dörfer bimmelte er
Und durch weißverzuckerte Wälder.

Im ersten Dörfchen, durch das er kam,
Da liefen die Leute zum Bäcker.
Sie kauften Kuchen und Zuckerkram.
Und mein Onkel erzählt, es roch lecker.

Im zweiten Dörfchen, durch das er im Trab
Geläutet ist ohne Pause,
Da schlossen die Bäcker die Läden schon ab.
Und die Leute gingen nach Hause.

Und als er ins dritte Dörfchen kam,
Da konnt er vor Staunen nicht reden:
Denn es blinkte und blitzte so wundersam
Durch die Ritzen der Fensterläden.

Das vierte Dörfchen war weit, sehr weit.
Dort brannten schon die Laternen.
Und die Leute kamen bei Glockengeläut
Vom Kirchgang heim unter Sternen.

Im fünften Dorf war mein Onkel zu Haus,
Als die Glocken die Weihnacht sangen.
Mein Onkel spannte die Pferde aus.
Und der Weihnachtsmann hat ihn empfangen.

Ladislaus und Annabella

In der Ecke eines Fensters
Unten rechts im Warenhaus
Sitzt die Puppe Annabella
Mit dem Bären Ladislaus.

Annabella weint und jammert,
Ladislaus, der grunzt und schnauft:
Weihnachtsabend ist gekommen
Und die Zwei sind nicht verkauft.

»Armer Bär!«, seufzt Annabella.
»Arme Puppe!«, schluchzt der Bär.
Tränen kullern in die Ecke.
Und das Herz ist beiden schwer.

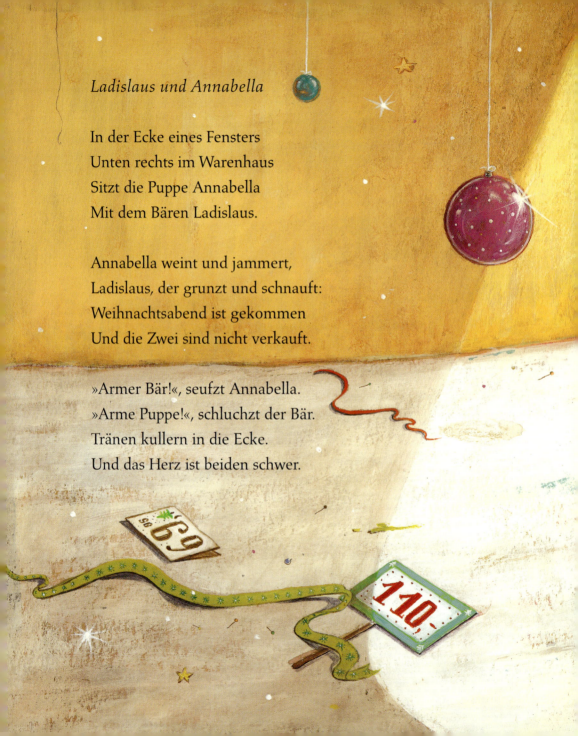

In dem leeren Warenhause
Löscht man langsam Licht um Licht.
Nur in diesem einen Fenster,
Da verlöscht die Lampe nicht.

Voller Mitleid mit den beiden
Lässt der brave alte Mann
Von der Wach- und Schließgesellschaft
Diese letzte Lampe an.

Dann verlässt er Annabella
Und den Bären, welcher klagt
Und mit sehr gepresster Stimme
»Lebe wohl« und »Servus« sagt.

In der menschenleeren Straße,
Abendstill und schneeverhüllt,
Sind die beiden in dem Fenster
Ein betrüblich Jammerbild.

Traurig vor der großen Scheibe
Fallen Flocken, leicht wie Flaum.
Und im Hause gegenüber
Glänzt so mancher Weihnachtsbaum.

Zehn Uhr schlägt's vom nahen Turme,
Und fast schlafen beide schon,
Da ertönt im Puppenhause
Laut das Puppentelefon.

»Hallo«, fragt der Bär verschlafen.
»Hier im Kaufhaus. Wer ruft an?«
Da vernimmt er eine Stimme,
Und die brummt: »Der Weihnachtsmann!«

»Oh«, ruft Ladislaus erschrocken.
»Was darf's sein, ich bitte sehr?«
»Eine schöne Puppenstube,
Eine Puppe und ein Bär.«

»Das ist alles noch zu haben!«,
Ruft die Puppe Annabell.
»Kommen Sie zum Warenhause
Unten rechts, doch bitte schnell!«

Das ist eine Überraschung.
Ladislaus kämmt schnell den Schopf
Und die Puppe Annabella
Flicht ein Schleifchen in den Zopf.

Und schon zehn Minuten später
Kommt ein Schlitten, kommt ein Ross.
Und ein Alter steigt vom Schlitten.
Und ein Schlüssel knarrt im Schloss.

Ladislaus, der quiekt und jodelt,
Annabella lacht und singt,
Als der Weihnachtsmann die beiden
In den Pferdeschlitten bringt.

Grad in diesem Augenblicke
Kommt der brave alte Mann
Von der Wach- und Schließgesellschaft
Wieder kontrollierend an.

Höflich grüßt er die Gesellschaft,
Springt zurück ins Warenhaus,
Holt die schöne Puppenstube,
Und dann trägt er sie hinaus.

Leise sagt er zu der Puppe:
»Frohes Fest, mein liebes Kind«,
Während eine kleine Träne
In den großen Schnauzbart rinnt.

»Frohes Fest«, sagt Annabella.
»Frohes Fest«, sagt Ladislaus.
Dann wird's dunkel in dem Fenster
Unten rechts im Warenhaus.

Die lustige Weihnacht

Heute tanzen alle Sterne
Und der Mond ist blank geputzt.
Petrus in der Himmelsferne
Hat sich seinen Bart gestutzt.

Überall erklingt Geläute,
Fröhlich schmückt sich Groß und Klein
Und die Heiligen tragen heute
Ihren Sonntags-Heiligenschein.

Es ertönen tausend Flöten,
Tausend Kerzen geben Glanz.
Und die würdigen Kometen
Wedeln lustig mit dem Schwanz.

Hinterm Zaun im Paradiese,
Gar nicht weit vom Himmelstor,
Musiziert auf einer Wiese
Auch der Engelskinderchor.

Ihre roten Tröpfelnasen
Putzen sich die Kleinen schnell
Und dann singen sie und blasen
Auf Fanfaren, silberhell.

Jedes Jahr um diese Stunde
Singen sie nach altem Brauch.
Alle Sterne in der Runde
Lauschen – und die Menschen auch.

Manchmal aber, leise, leise,
Wird der Chor der Engel stumm
Und im ganzen Sternenkreise
Geht ein sanftes Flüstern um.

Dann erscheinen sieben Schimmel,
Zärtlich ruft es: »Hü und hott!«
Und gemächlich durch den Himmel
Fährt daher der liebe Gott.

Da verstummen alle Lieder
Und die Engel machen fix
Mit gefaltetem Gefieder
Vor dem Herrgott einen Knicks.

Alle goldnen Sternenherden
Drehn sich still dazu im Tanz.
Und im Himmel wie auf Erden
Leuchtet Weihnachtskerzenglanz!